No.1きれい 運がよくなる
整理整とん&おそうじ Lesson

監修 おさよさん／小西紗代

日本文芸社

整理整とんのコツが身に

なくしもの
忘れものが
多い

おしゃれが
できない
服がしわしわ

お部屋がきたなくて
友だちを呼べない

Before

自信がなくて
好きな人と
話せない

つけば ぜーんぶ うまくいく！

忘れものゼロ
しっかり者で
人気者

少ない
手持ち服でも
着回し上手＆
お手入れ上手

↗

After

友だちも呼べて
社交的

自信がついて
好きな人にも
積極的

3

かたづけ は じつは 楽しい！

そうじや整理整とんができるようになると、自信がついて、いろんなことがうまくいくようになるよ。お部屋にいる時間が楽しくなるから、読書や勉強にも集中できそう☆

かたづけは大変そうに思えるけど、コツをおさえればだいじょうぶ！
この本で楽しく学んで、じぶんのお部屋をピカピカにしちゃおう♪

風水ルールを取り入れて

風水は古代の中国で生まれた考えかた。整理整とんやおそうじに風水ルールを取り入れることで、いろいろな運気をアップさせられるよ！

なんだか最近うまくいかない……どうすればいいの？

お部屋も
ぐちゃぐちゃ……

うまくいかない、ツイてない。その原因は、じつはお部屋にあるのかも！

整理整とんやそうじに風水ルールを取り入れてみよう！

お部屋をきれいにするときや、ふだんの生活に風水ルールを取り入れてみて。

お手紙や年賀状を整理

鏡やスマホをピカピカに！

恋も友情も将来もハッピーに！

ラッキーの神様が
来たくなる
ピカピカのお部屋に！

風水の力で運を引き寄せれば、毎日がどんどんハッピーになっていくよ！　お部屋もきれいになるから、ぜひためしてみてね☆

☑ **恋愛運をアップさせる**

☑ **友だちとうまくいく**

☑ **勉強運・金運をアップさせる**

☑ **すてきな大人になる**

ための風水ルールを紹介♪

116ページ〜GO! ▷▷▷

7

9

そうじや整理整とんができるようになれば、こんな
おしゃれなお部屋に模様替えするのも夢じゃないよ♪
あなたの好みのお部屋はどれ？

ステキ女子の

マイルームスタイル　お手本①

カワイイ スタイル

12ページ

マイルームスタイル　お手本②

ポップ スタイル

14ページ

マイルームスタイル　お手本③

シンプル スタイル

16ページ

マイルームスタイル　お手本④

ナチュラル スタイル

18ページ

お部屋を紹介！

マイルームスタイル　お手本⑤
モノトーンスタイル
20ページ

マイルームスタイル　お手本⑥
アートスタイル
22ページ

どのお部屋もおしゃれ！
わたしもこんなお部屋にしてみたいな〜

さくらちゃんはどのお部屋が好き？

うーん　ナチュラルもいいけど
やっぱりカワイイ系にあこがれちゃう♪

すてきなお部屋にしたいなら
まずはおかたづけしないとね

ドキッ！　よ、よ〜し、がんばるぞ！

カワイイ
スタイル

気分はまるでプリンセス♪
ピンクベースでとびきり甘く

ピンクと白をベースにした、お姫様みたいなお部屋。カーテンやベッドまわりには、レースとフリルをたっぷりとあしらって、スイートなふんいきに。

遊びに来たお友だちに、「超カワイイ！」とほめられることまちがいなしだね♡

ココに注目！

❶ ベッド
天がいで一気に
プリンセス度がアップ♪

ベッドの上に天がいをつるすと、ベッドまわりがはなやかに！　天井にフックを取りつけて、カーテンをたらしてもかわいいよ。

❷ 壁

ガーランドと飾り棚で
壁までかわいく☆

壁の空いたスペースは、ガーランドと飾り棚でデコレーション。部分的にモノトーンを使って、甘さをおさえるのがポイント☆

❸ 窓

夜が待ちどおしくなる
リボン付きカーテン

カーテンはお部屋の中でも目立つから、ラブリーなデザインをチョイス。夜にカーテンを閉めるのが楽しみになるね！

ポップ
スタイル

いるだけで元気になれる カラフルなお部屋！

ポップな色をちりばめたお部屋は、いつも元気でいたい子におすすめ。

あまりたくさんの色を使いすぎると、ごちゃごちゃして見えるから、ベースカラーは3色までにおさえよう。ここではピンク、グリーン、ブルーを基調にしているよ。

ココに注目！

❶ クッション

お部屋のアクセントに使える便利なアイテム

カラフルなクッションを、ベッドまわりやソファのアクセントに。お友だちが遊びに来たときにも使える、すぐれものだよ☆

❷ 壁

ウォールステッカーで
ポップにデコって☆

まっ白な壁紙は、ちょっとさびしい印象。
好きなデザインのウォールステッカーを
はって、イメチェンするのも手だよ。

❸ 帽子

おしゃれな帽子なら
見せる収納もアリ♪

お気に入りの帽子は、壁にフックを取りつ
けて、ディスプレイしてもかわいい。お出
かけするときに、サッとかぶれるのも◎。

シンプル
スタイル

色もインテリアもすっきり！
勉強がはかどりそう

　白をベースにした、清潔感のあるスタイル。家具や収納グッズ、壁紙もシンプルなもので統一して、ちょっぴり大人っぽく♪

　勉強や趣味のことに集中したいなら、こんなお部屋をめざすのもおすすめだよ。

ココに注目！

❶ ラック
おそろいの収納ケースでとことんシンプルに

フォトフレームや本以外のものは、ラックにならべた収納ケースにイン。収納ケースは同じデザインでそろえるときれいだよ。

❷ 机（つくえ）

きれいな机（つくえ）まわりで
勉強（べんきょう）に集中（しゅうちゅう）できそう！

机の上に置くのは、勉強に使う本やノートだけ。気をとられやすいものが近くにないから、勉強に集中できそう！

❸ ラグ

さびしく見（み）えない秘密（ひみつ）は
多色使（たしょくづか）いのラグにあり！

フローリングのままだとさびしく見えるから、床にしいたラグで色を足してバランスよく。おちついた色合いのものをえらぼう。

ナチュラル
スタイル

木製の家具と、ナチュラルカラーのインテリアで統一した、ぬくもりを感じられるスタイル。

落ちついた色合いだから、リラックスした時間をすごせそう。白×茶の組み合わせのほか、白×グリーン系もおすすめだよ。

あたたかみのあるお部屋ですごす
わたしのリラックスタイム♪

ココに注目！

❶ ベッドカバー

ゆっくりねむれそうな
ナチュラル柄が◎

ツリー柄や花柄など、ナチュラルな柄はリラックスムード満点♪　ベッドカバーだけを柄ものにすると、落ちつきが出るよ。

② 壁

はがせるステッカーで
好きな柄に模様替え

壁紙がイメージに合わないなら、リメイク
シートで模様替えするのも方法だよ。かん
たんにはがせるのもうれしいね♪

③ ラグ

ナチュラルモチーフの
ラグで統一感を出そう

色や柄だけじゃなく、モチーフをナチュラ
ルなものにしてもかわいいよ。雲モチーフ
のラグも、お部屋のイメージにぴったり☆

モノトーン
スタイル

　白、黒、グレーをベースにしたお部屋は、シックでおしゃれな印象。ボーダーやドットなどの柄を上手に使えば、はなやかさやキュートさを出すこともできるよ。

　モノトーンと相性のいい、ゴールドや赤をポイントカラーにしてもすてき。

モノトーンでシックにまとめた 大人っぽさNo.1のスタイル

ココに注目！

❶ モビール

ゆらゆらとゆれる モビールにいやされる

　窓の近くにモビールをかざると、はなやかでおしゃれなふんいきに。もう一方の窓には、ガーランドをあしらっているよ。

② ベッド

シンプル＆キュートの
組み合わせがいち押し

シンプルなベッドカバーには、かわいいデザインの枕＆クッションが相性◎。星やハートのモチーフなら合わせやすいよ。

③ 家具

白い家具と白い壁で
お部屋を広く見せる！

白をベースにすると、実際よりもお部屋が広く見えるよ。お部屋がせまいと感じるなら、白の面積をふやしてみてね。

アート
スタイル

外国のおしゃれなカフェやギャラリーを思わせる、アートなお部屋も女子のあこがれ♪

家具はベーシックなものでも、色使いをくふうしたり、壁におしゃれなポスターをはったりして、アートなふんいきを出すことができるよ。

まるで外国のお店みたい！
おしゃれな空間をひとりじめ

ココに注目！

❶ ベッド
ネイビー＆マスタードの組み合わせがアート風

シックなネイビーのベッドカバーに、クッションのマスタード色がはえる☆　深みのある色をえらぶのがアート風に見せるコツ。

❷ ライト
印象的なデザインの
ライトがすてき

見落としがちな天井も、おしゃれなライト
で抜かりなし！　間接照明を置いてもす
てきだよ。

❸ ポスター

おしゃれなポスターを
お部屋のアクセントに！

アートっぽいポスターをかざるだけでも、
おしゃれなふんいきが出せるよ。カフェみ
たいに、フレームに入れるといい感じ♪

1

まずは何から？かたづけの基本

基本ステップをおぼえよう

「出す」「仕分ける」「捨てる」「しまう」の4ステップで、お部屋がピカピカに大変身☆

身近にあるものでらくらくおそうじ！

穴あきソックスや歯みがき粉など、おうちにあるものでお部屋をきれいにしちゃおう！

かたづけ習慣を身につけよう

かたづけを楽しくつづけるための、3つの方法をレクチャーするよ。

かたづけるって言っても
どこから手をつけていいのか
わからないよぉ…

どよ～ん…

よーし！　ボクが本気で
かたづけの極意を教えちゃおう！

へ…変身！？

かたづけの基本をおぼえて効率UP⤴

かたづけのきほん

1
まずは
お部屋の物を
全部「出す」
ところから！

2
出した物を
「仕分け」して…

3
いらない物は
思い切って
「捨てる」

4
最後に残った
物を「しまう」で
OKだよ！

31

かたづけの基本 **4** ステップ

お部屋をきれいにしたいけど、どこから手をつけていいかわからない！
そんなおなやみを、この章で全部解決しちゃおう♪

ちらかる理由は「正しいかたづけかた」を知らないから！

お部屋をかたづけるとき、目につくところだけをパパッとかたづけていない？　そんなやりかただと、ちらかしては適当にかたづけて終わり……のくり返しになっちゃうよ。

ここでかたづけの基本ステップをおぼえて、休日に実行してみて。お部屋が見ちがえるように、スッキリとかたづくよ！

どこから手を
つければいいの〜

かたづけが苦手だからってあきらめないで。正しいやりかたをおぼえれば、誰でもかたづけ上手になれるよ☆

この4ステップで 失敗ナシ！

ステップ 1 かたづけたい
場所のものを全部「出す」

まずはかたづけたい場所のものを全部出して、
1ヵ所に集めるところからスタート。思ったよ
りも、ものが多くてびっくりしちゃうかも？

36ページへ GO!

ステップ 2 ものを「仕分ける」

出したものを、いるものといらないものに分け
よう。仕分けにまよったら、理想のお部屋とそ
こにあるものをイメージしてみるといいよ。

38ページへ GO!

ステップ 3 いらないものを「捨てる」

いらないものを処分するときは、きちんと分別
するのもわすれずに。リサイクルできるものは、
誰かにあげたりゆずったりするのも手だよ。

42ページへ GO!

ステップ 4 残ったものを「しまう」

最後にお部屋をおそうじして、残ったものをし
まえばかたづけ完了！　かたづけ習慣を身につ
けて、ピカピカのお部屋をキープしてね☆

46ページへ GO!

かたづけは動きやすいヘアスタイル＆服装で！

かたづけを始めるまえに、動きやすくてよごれてもいい服に着がえておこう。ホコリが気になるなら、マスクをつけるといいよ。

髪はまとめる

髪の長い子は、ヘアゴムやターバンなどで髪をまとめよう。

パーカーやトレーナーなどが◎

トップスはスウェットやTシャツがおすすめ。動きやすい服をえらんでね。

パンツスタイルがベスト！

よごれても気にならないデニムやジャージなどが◎。しゃがんだときに、きつく感じるものはさけて。

よごれてもいいソックス

使い古したソックスや、捨てるつもりだったソックスをえらぼう。

レンのひとこと！

ラフな服装に着がえると、動きやすいだけじゃなくて、かたづけスイッチがオンになってやる気が出る効果も！ ためしてみてね♪

かたづけのまえに用意しておくグッズ

レジャーシート

お部屋にあるものを集めるためのシート。白やうすい色をえらぶと、どこに何があるかを確認しやすいよ。

大きめのナイロンバッグ

ものを仕分けるときに使うよ。大きくてじょうぶなものをえらぼう。

そうじ道具

ものを全部出したついでに、家具の下やうしろまでおそうじしちゃおう！

ものさしやメジャー

かたづけの途中で「こんな収納グッズがほしいな」と思ったときに、空きスペースや収納したいもののサイズをはかる道具があると便利。

もえるゴミ

45ℓ

もえるゴミ用のごみ袋

もえるゴミは見分けやすいから、仕分けのときにゴミ袋へまとめておこう。

1

かたづけたい場所のものを全部「出す」

お部屋にいらないものがふえると、しまうところがなくなって、ちらかる原因に。まずはかたづけたい場所のものを全部出して、いるものといらないものを分けることから始めよう。

用意しておいたレジャーシートをしいて、服や本、バッグなど、お部屋にあるものをシートの上にあつめてね。

窓を開けて換気

かたづけているあいだはホコリが立ちやすいから、こまめに換気してね。

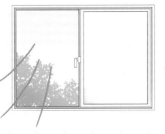

レジャーシートをしいておこう

レジャーシートの上にものを集めれば、床やじゅうたんを傷つけずにすむよ。

家具以外のものを全部
レジャーシートの上に出そう！

ものを種類ごとにざっくり分ける

ここは服、ここはバッグ……というぐあいに、出したものは種類ごとにざっくり分けて置こう。仕分けやものをしまう作業がやりやすくなるよ。

ステップ2 ものを「仕分ける」

ものを全部出し終えたら、いるものといらないものに仕分けしよう。ずっと使っていないものや、使い古したものは、思いきって手ばなしてみて。ものであふれていたお部屋がスッキリして、一気にかたづけやすくなるはず!

いらないものをハッキリさせて身軽に!

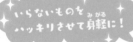

お部屋にものをためこみすぎると、かたづけをするのがめんどうになって、ちらかりほうだいに……。

本当に必要なものだけを残せば、お部屋もきれいになって気分もスッキリ!

仕分けに迷わないためのイメージ

じぶんが好きなことややりたいことをイメージ

ファッションが好き、絵をかくのが好き、読書が好き……など、好きなことや興味のあることを思いうかべてみて。

どんなお部屋にしたいか思いえがいてみよう

好きなこと、やりたいことをかなえてくれるのは、どんなお部屋？　できるだけ具体的にイメージしてみてね。

理想のお部屋がイメージできればやる気がわいてくる！

理想のお部屋ですごしているじぶんをイメージすると、かたづけのモチベがアップ！　理想のお部屋にはいらないものがはっきりするから、仕分けもはかどるよ☆

ナイロンバッグでものを分類！

レジャーシートに集めたものは、種類別にナイロンバッグへ入れていくといいよ。洗たくするもの、捨てかたがわからないもの、同じ部屋を使っている家族のものを仕分けしておいて、あとで整理しても OK。

ものの種類ごとに仕分けしよう

洗たくする服

洗たくしたい服は、クローゼットやタンスにしまう服と別にしておこう。

クリーニングに出す服

コートやジャケット、ワンピースなど、クリーニングに出したい服も仕分けしておくと GOOD。

処分するもの

捨てかたがわからないもの、人にゆずりたいものなどは、かたづけのあとで整理すると効率 UP！

ヘアメイク用品

ヘアブラシやシュシュ、ネイルなどのこまごましたものは、なくしやすいのでまとめておいても◎。

家族のもの

家族と同じ部屋を使っているなら、じぶんのもの以外はナイロンバッグへ。

学校で使うもの

教科書やノートなど、学校で使うものは、わかりやすく仕分けておくと安心。

仕分けテク 1

手がきのタグでバッグの中身を わかりやすく！

ナイロンバッグの中身がすぐにわかるように、それぞれに手書きのタグをとめておこう。いちいち中身をチェックする手間がはぶけるよ。

CHECK!

30秒で作れる手がきタグ

メモ用紙に仕分けしたものが何かをマジックペンで書いて、クリップでナイロンバッグにはさむだけ！

洋服

1年置いておいて、いる・いらないを判断

見なおし

仕分けテク 2

捨てるか迷ったものは 「見なおしボックス」へ

ナイロンバッグとは別に、手ばなすかどうか迷っているものを入れるボックスを用意しておくのも手。1年間置いてみて、いちども思い出さなかったもの、使わなかったものとはお別れしよう。

仕分けが終わったら、いらないものを処分。捨てるものは分別して、指定のゴミ袋に入れて、地域で決められた回収日に捨てよう。まだ使えるけど手ばなしたいものは、おうちの人に相談して、誰かにゆずるかリサイクルするかを決めるといいよ。

「今までありがとう」の
気持ちを忘れずに

OK!

ゴミは種類別に
分けて捨てる

もえない
ゴミ

OK!

NG

いろいろなゴミを
分けずに捨てる

ゴミ捨てをいつも
おうちの人に
まかせちゃう

さくらの
ひとこと！

いらないものの捨てかたにもマナーあり！　今のうちにゴミの分別や捨てかたをおぼえて、すてきな大人に近づこうね♪

住んでいる地域の分別を
チェックしてね！

おぼえて
おこう！

ゴミの分類

もえるゴミ

- ☑ 紙類
- ☑ プラスチック製品
- ☑ ゴム製品
- ☑ 布（服やシーツなど）など

もえないゴミ

- ☑ ガラス
- ☑ 陶器類
- ☑ 金属類 など

資源ゴミ

- ☑ 雑誌や新聞
- ☑ びん
- ☑ 缶
- ☑ ペットボトル など

リサイクルできるもの

えほん

- ☑ 本
- ☑ ぬいぐるみ
- ☑ ゲーム機やゲームソフト
- ☑ 服 など

捨てる／手ばなすときのルール

捨てるものは、地域のルールにしたがって、きちんと分類しよう。もえないゴミや資源ゴミには、捨てるときのこまかいルールがあるから、おうちの人に聞いてみてね。できることはじぶんでやってみるのも大事だよ！

心がけてみよう！5つのルール

① お別れするときは「今までありがとう」の気持ちを忘れずに
② ゴミの分類がわからないときは、おうちの人に聞いてみよう
③ ゴミはためこまず、早めに捨てよう
④ 地域のルールを守って捨てよう
⑤ まだ使えるものは、捨てる以外の方法を考えてみよう

ペットボトルはラベルをはがして水洗い

ペットボトルを捨てるときは、キャップとラベルをはずして水洗いしよう。

いろんなゴミをまぜない

もえるゴミともえないゴミで、ゴミ箱を分けておこう。ゴミ出しのときに仕分けをせずにすむよ。

ゴミをためこまない

たまったゴミは、いやなにおいの原因になることも。「まだいいや」ですまさず、早めに処分してね。

DUST BOX

おうちの人と「捨てる」をお勉強！

ゴミ出しやリサイクルの方法がわからなくて、いつもおうちの人にまかせっぱなしにしていない？　ものときちんとお別れすることは、大切な資源を守ることにもつながるから、おうちの人と勉強してみよう！

ゴミだしをお手伝い

ゴミは種類ごとに回収日が決まっているよ。回収日とゴミを出す場所をおぼえて、ゴミ出しをお手伝いしよう。

ゴミ収集

リサイクルショップに行く

まだ使えるものを買いとってくれるお店もあるよ。お店に行くときは、かならずおうちの人と一緒に行ってね。

ほしい人に ゆずる／あげる

ぬいぐるみや本、服などは、しんせきや友だちにゆずったりあげたりするのも方法だよ。よごれを落とす、洗うなどして、できるだけきれいな状態でわたすのがマナー。

残ったものを「しまう」

いらないものとお別れしたあとは、残ったものをしまってかたづけ終了。しまうまえに、お部屋をすみずみまでおそうじしておこう。天井の照明、窓や壁、家具まわり、床の順で、高いところから先におそうじすると、ホコリが残りにくくなるよ。

家具はかわいたぞうきんでふくか、かたくしぼったぞうきんでふいたあとに、かわいたぞうきんでからぶきしてね。

床はフローリングワイパーやそうじ機で、壁ぎわまでしっかりとおそうじしよう。

しまうまえに
おそうじしておこう

しまうときのポイント①

ものが帰る場所を決める

すぐにお部屋がちらかる原因のひとつは、ものをしまう場所が決まっていないこと。どこに何をしまうかを決めておいて、使ったあとはもとの場所にもどすクセをつけて。収納の計画を立てて、ノートに書き出してみるのもおすすめだよ。

収納プランを書いてみよう！

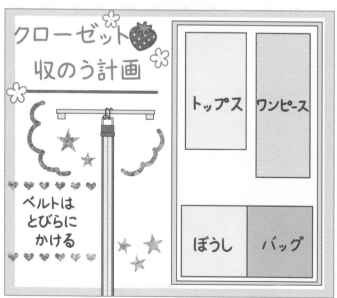

クローゼット
収のう計画

ベルトは
とびらに
かける

トップス　ワンピース

ぼうし　バッグ

よく使うものは取り出しやすい場所に!

学校に持っていくもの、ヘアブラシやヘアアクセ、文具など、よく使うものは取り出しやすい場所に収納するのがコツ。必要なときにサッと取り出せるから、お出かけの準備もスムーズに☆

胸より下にしまうと取り出しやすい!

あまり使わないもの

たまに使うもの

よく使うもの

たまに使うもの

よく使うもの

よく使うもの

たまに使うもの

よく使うものは奥より手前、下より上に

しまうときのポイント③

収納スペースがほしいときは
しまうもののサイズをチェック

ボックスやケースにしまいたいものがあったら、サイズをはかっておこう。収納グッズを買うときに、ぴったりのサイズを見つけやすくなるよ。

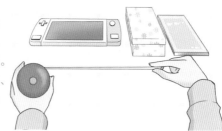

しまうときのポイント④

「今だけスペース」を作っておこう

今だけ

友だちから借りたものや、図書館で借りたものなどは、置き場所になやみがち。じぶんのもの以外をしまっておく場所を決めておけば、なくす心配がないし、お部屋のかたづけも楽になるよ。

ものの種類ごとの収納方法は **62**ページをチェック

楽しみながら！
らくらくおそうじ テクニック

おそうじが苦手でも、すぐにまねできるテクニックを紹介！　よごれやホコリが気になるときは、ぜひ使ってみてね☆

おうちテク 1

ウェットティッシュ＋石けんで えんぴつよごれを解消

えんぴつやシャープペンシルのしんでよごれた机は、ウェットティッシュでふいてピカピカをキープしよう。どうしてもよごれがとれないときは、

ウェットティッシュに固形の石けんを少しこすりつけて、よごれをなぞるようにふけばきれいに落ちるよ♪

えんぴつや
シャーペンのしんで
よごれていない？

机の上にウェットティッシュを置いて、机やペンケースをまめにおそうじ。

ガンコなよごれは
＋石けんで
ピカピカに！

穴あきソックスで窓ガラスやスマホをキレイに！

穴があいたりよごれたりして、もうはけなくなったソックス。捨てるまえに、手袋みたいに手にはめて、スマホや窓のおそうじに使おう。最後に窓のレールについたホコリをとったら、「おつかれさま、ありがとう」の気持ちをこめながら処分してね。

穴あきソックスを…

スマホやタブレットの液晶をピカピカに！

ミトンのように手にはめる

窓ガラスをキュッキュッ

窓のレールをふいてフィニッシュ！

ドアノブのよごれは歯みがき粉で落とせる！

意外に見落としがちなのが、手のあぶらやよごれがたまりやすいドアノブ。ラップに歯みがき粉をつけて、ドアノブをこするとピカピカになるよ。最後は歯みがき粉をきれいにふきとってね。

ラップに**歯みがき粉を**チョン♪

最初にドアノブのめだたない場所をこすってみて、傷がつかないかを確認してね。

歯みがき粉をつけた**ラップで****こすろう**

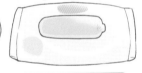

ウェットティッシュ

かわいたタオル

ウェットティッシュで歯みがき粉をふきとって**かわいたタオルで仕上げ！**

おうちテク
4

モップ付きスリッパで かんたんモップがけ

フローリングのモップがけは、ちょっとめんどうなもの。ふだんはいているスリッパの底に、好きな色のハンディモップをはりつけて、モップ付きスリッパを作ってみて。お部屋の中を歩くだけで、フローリングがみるみるきれいになるよ♪

スリッパの底に
モップ部分をはろう

布用の両面テープ

布用
両面テープ

転ばないように
注意してね！

歩くだけで
フローリングが
ピカピカ♪

床のホコリをなくすちょこっと習慣！

ちゃんとおそうじしているのに、なぜか家具や床にホコリがたまってる……。その原因は、高いところから落ちてくるホコリのせいかも。天井のライトや壁をおそうじして、ホコリをふせごう！

ホコリは床より
上から落ちてくる！

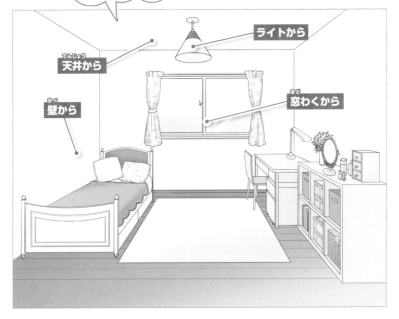

ライトから

天井から

窓わくから

壁から

壁やライトのホコリを
サッとひとふき

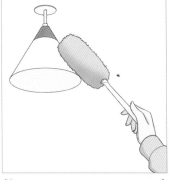

壁にハンディモップをかけておいて、気づいたときに壁やライトをおそうじ。これだけでホコリ防止になるよ。

1週間にいちど
朝イチにそうじ機かけ！

ホコリは夜にゆっくりと床にたまりやすいから、1週間に1回は、朝に床をおそうじするといいよ。

CHECK!

巾木のホコリは
マイクロファイバークロスで撃退！

巾木

壁と床の間にとりつけられた巾木も、ホコリがめだつ場所。かわいたマイクロファイバークロスでふきとるのがおすすめだよ。

かたづけ習慣が身につく 3つの方法

かたづけの流れをおぼえたら、それを続けることが大切だよ。ここで紹介している方法で、かたづけ習慣を身につけよう！

やる気アップ作戦1 楽しい計画をどんどん書き出してみよう！

かたづけたい気持ちはあるけど、なかなかやる気が起きない……。そんなときは、お部屋がきれいになったらどんなことをしてみたいかを、ノートに書いてみるといいよ。楽しい計画をかんがえているうちに、やる気がどんどんわいてくるはず！

理想のお部屋をかいてみよう！

じぶんがすごしたいと思う、理想のお部屋をかいてみるのも◎。目標を持てば、やる気もUP！

どんなことをしてみたい？

親友とおとまり会

おしゃれなグッズが集まった、おでかけ用コーナーを作りたい

週末にお部屋をきれいにして、パパやママをおどろかせたい

やる気アップ作戦 2

1日3分のかたづけからスタート

机の上はかならずかたづけるなど、短い時間でも毎日かたづけを続けてみよう。ちらかっていたら気になる場所がふえて、お部屋がだんだんきれいになるよ。

机の上だけでもOK!

やる気アップ作戦 3

かたづけの様子やきれいになったコーナーを記念撮影！

ベッドまわりはカンペキ！

お部屋をかたづけている姿をおうちの人に撮影してもらったり、かたづけ終わったコーナーを撮影したりするのもおすすめ。がんばっているじぶんを記録すれば、はげみになって、かたづけのモチベが一気に上がることまちがいなし☆

おもてなしのルール **1**

友だちが遊びに来るまえの準備

おうちの人に友だちが来る日時と人数を伝えておこう

友だちが遊びに来ることになったら、その日のうちに、おうちの人に伝えてね。友だちの名前と人数、何日の何時に来るのかを伝えておけば、おうちの人があわてずにすむよ。日にちを決めるときは、おうちの人がいる日をえらぼうね。

土よう日 14時

床をそうじしておく

じぶんのお部屋の床は、フローリングワイパーや掃除機できれいにしておこう。ちらかっている場所や、ホコリがめだつ場所も、そうじしておくといいよ。時間にゆとりをもっておかたづけとそうじをすませておけば、友だちが早めに来てもあわてる心配なし!

上着をはおる時期はハンガーを用意しておこう

寒い時期は、友だちがコートやブルゾンを着てくることを考えて、アウターをかけるハンガーを用意しておくといいよ。ふだんから、予備のハンガーを用意しておけば安心だね♪

窓を開けて換気

当日は早めに、窓を開けて空気を入れかえておくと◎。こもったにおいが気になるときは、ルーム用のスプレーをしてみよう。暑い日や寒い日なら、友だちが遊びに来る少しまえに、エアコンを入れておくのがおすすめだよ。

服・本・趣味のものの かたづけかた

収納上手になる ポイントって?

ものを上手にしまえない、収納がきれいに見えない……。そんなおなやみを解決するよ♪

少ない服でも楽しめる! 着まわしLESSON

着ていない服とはお別れして、少ない手持ち服を上手に着まわすコツを、春夏&秋冬のコーデ例と合わせて解説!

バッグや趣味のものの 収納テクニック

きれいに見えて場所もとらない収納方法を、ふだん使うアイテムごとに解説しているよ。

う～ん…

部屋はずいぶん
スッキリしたけど…

なんかきれいに
見えないなぁ…

かたづけかたで
お部屋の見ばえが変わる！

しょぼん

ちゃんとかたづけ
したことなかった
からかな…

大丈夫
かたづけのコツを
教えてあげるよ！

服はコンパクトにたたんで
立てて収納すれば
こんなにスッキリ！

ホントだー！
どれがどの服か
わかりやすいね♪

本は背の高さを
順に並べると
きれいに見えるよ

バッグは
S字フックに
引っかけて
収納しようね

すごーい!!
少し変えただけで
こんなにちがうんだ!

コツはつかんだから
ちょっと休けい〜!
あとはまかせたよ♪

じゃっ♪

あっ!

もー!　自分でやるから
意味があるんだよー!

収納上手さん 3つのポイント

お部屋にある服や本などを、どこにどうしまうかが腕の見せどころ。
かぎられたスペースでも、上手に収納できるコツを教えちゃうよ！

お部屋のスペースをムダなく使おう

いらないものを手ばなしたのに、あまりお部屋がきれいに見えない……。その理由は収納にあり！　同じ数の服や本でも、収納のしかたで必要なスペースや見ばえが変わってくるよ。

この章で服のたたみかた、服や本、学校道具、趣味のもののしまいかたをおぼえて、収納上手さんになっちゃおう☆

収納のポイントは3つ！

1 どこにしまう？
服やバッグはクローゼットに、ヘアアクセやコスメはドレッサーにしまうなど、わかりやすい場所にしまうと GOOD ♪

2 収納グッズの大きさは？
せっかく収納グッズを買っても、しまうものとサイズが合わなければ意味がないよ。買うまえにサイズを確認してね。

3 収納をスッキリ見せるには？
収納グッズの色や柄、サイズをそろえるとスッキリ見えるよ。お部屋のふんいきとのバランスも考えてみて。

収納グッズを買うまえにしまう場所を考えよう

ものを収納するまえに、クローゼットやタンス、机の引き出しをチェックしてみて。空いているスペースを見つけたら、どんなものをしまえるか、どんなふうに収納するかを考えてみてね。

クローゼットの空きスペース

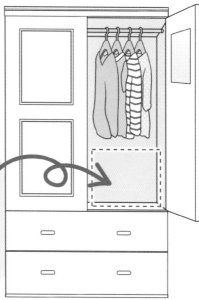

おでかけ用のバッグをしまえそう！

机の引き出しの空きスペース

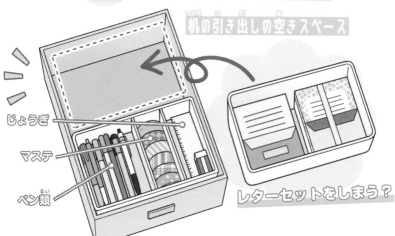

じょうぎ

マステ

ペン類

レターセットをしまう？

収納スペースの大きさをはかろう

空きスペースに何をどうしまうかを決めたら、つぎは空いたスペースのたて横、深さをはかろう。収納グッズを買うときには、空きスペースにちょうどおさまるサイズのものをえらんでね。

空きスペースの高さ・たて横の長さをはかる

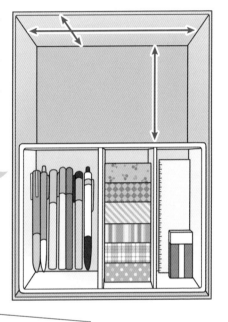

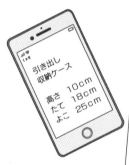

引き出し
収納ケース

高さ　10cm
たて　18cm
よこ　25cm

引き出し
収納ケース

高さ 10cm
たて 18cm よこ 25cm

スマホやメモにサイズを記録しておこう

さくらのひとこと!

文具やヘアアクセみたいにこまごましたものをしまいたいなら、仕切り付きのケースを買うといいよ。100均にはいろんな収納グッズがあるから、わたしはたまにのぞいてるんだ♪

収納グッズの色は2色までにおさえると◎

シンプルなものをえらぶとスッキリ感が出るよ！

収納グッズは好きな色や柄のものをえらんでもいいけど、スッキリと見せるなら、無地や白などシンプルなものをチョイス。ならべて使うときは、同じ収納グッズに統一すると、見た目もきれいでおしゃれに決まる！

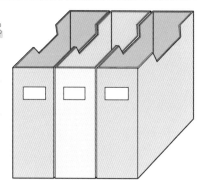

ピンク×白ならこんな感じ！

好きな2色におさえてもおしゃれ

好きな色の収納グッズを使いたいなら、色は2色までにおさえるといいよ。柄ものでも、ベースの色が2色までなら、統一感が出ておしゃれ☆

チェック！

キャラクターものや柄ものは収納グッズ以外に取り入れよう

好きなキャラクターや柄は、文具や部屋着など、収納以外に取り入れるのがおすすめ。収納グッズはシンプルなもののほうが、買い足しや使いまわしがしやすいよ。

たたみかた

服の収納テクをおぼえるまえに、たたみかたをマスターしよう。上手にたためるようになれば、すてきな大人に1歩近づけるよ♪

Tシャツ

長そでも半そででも、基本のたたみかたは同じ。Tシャツはコーデの定番だから、たたみかたをおぼえておくと便利だよ。

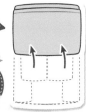

1 背中側を上にして、右そでと右身ごろを、横幅の3分の1くらい内側に折る。

2 左そでと左身ごろも、同じように折ろう。肩の部分は手前に折って、そでがまっすぐになればOK。

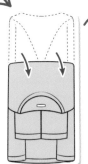

3 Tシャツの上半分を、両方のそでごと手前に折ろう。

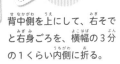

4 Tシャツの下側を折り返せばできあがり。コンパクトだから、とてもしまいやすいよ。

フード付きの トップス

かさばりがちなフード付きのトップスも、基本的なたたみかたはＴシャツと同じ。フードを内側に折りこむのがポイント☆

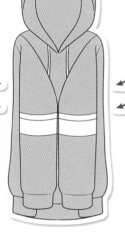

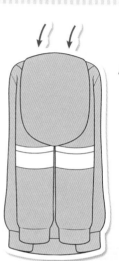

1 背中側を下にして、両方のそでと前身ごろを内側に折ろう。フードのひもも内側にイン。

2 フードを手前に折りたたもう。フードの左右をすぼめるようにして折れば、服の外側へはみ出さないよ。

レンの ひとこと！

トップスはたたみ終えたときに、同じくらいの大きさになるようにするのがコツ。大きさをそろえることで、しまいやすくなるよ。

3 下側を折りかえせばできあがり。このたたみかたなら、しまうときにフードがじゃまにならないから、収納がラクになるよ♪

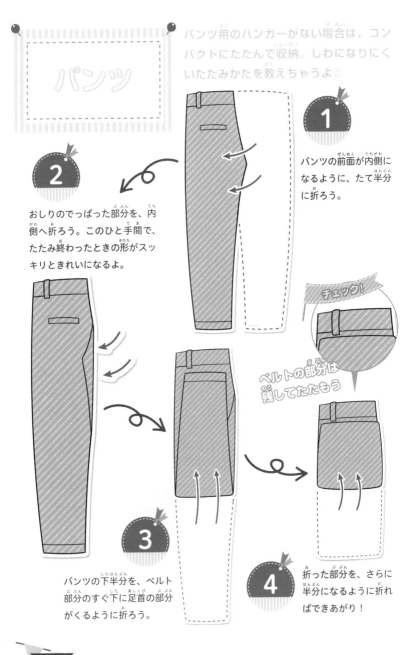

パンツ

パンツ用のハンガーがない場合は、コンパクトにたたんで収納。しわになりにくいたたみかたを教えちゃうよ☆

1 パンツの前面が内側になるように、たて半分に折ろう。

2 おしりのでっぱった部分を、内側へ折ろう。このひと手間で、たたみ終わったときの形がスッキリときれいになるよ。

チェック！

ベルトの部分は残してたたもう

3 パンツの下半分を、ベルト部分のすぐ下に足首の部分がくるように折ろう。

4 折った部分を、さらに半分になるように折ればできあがり！

レギンス

ちょっと生地が厚いレギンスは、たたみかたになやみがち。この方法でたためば、タンスやケースの中にしまいやすい♪

1

パンツと同じように、前面が内側にくるようにたて半分に折ろう。

2

おしりのでっぱった部分を、内側へ折りこもう。たたみ終えたときの形がきれいになるよ。

3

腰の部分と足首の部分がくっつくように、レギンスの上下をイラストのように折ろう。

4

レギンスの下半分を、腰の部分にすっぽりとしまえばできあがり!

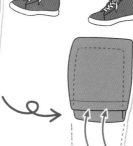

ソックス

片方をなくしやすいソックスは、左右まとめてたたむといいよ。とくにおすすめのたたみかたはこちら☆

1 2枚のソックスをきれいに重ねて、つま先を上へ折りかえしてね。

2 つま先にかぶせるように、足首の部分を下へ折ろう。

3 ソックスの下側を、足首の開いた部分にしまえばできあがり。左右のソックスがバラバラになりにくいよ。

チェック！

ハイソックスもレギンスと同じ方法でOK

ハイソックスは、上下を中央に向かって折りたたみ、下半分をはき口にしまえばOKだよ。

Communication ability

下着のたたみかたもマスターすれば、服の収納はかんぺき♪　まずはショーツのきれいなたたみかたから紹介するよ。

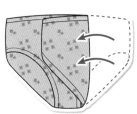

1 前側を上にして、右半分を内側へ折りたたもう。

2 左半分を、折った右半分にかさねるようにして折ってね。

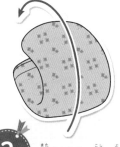

3 股まわりを、腰の部分に向かって折りかえそう。

4 はき口に、折りかえした部分をしまえばできあがり。しまうときにも形がくずれにくいよ。

ブラのカップは形がくずれやすいから、カップをつぶさないようにたたむのがポイント！

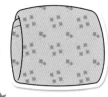

1 カップからバックベルトまでがさなるように、ブラを2つ折りにしよう。

2 バックベルトとストラップを、カップの内側にしまえばできあがり。カップはつぶさないでね。

服の収納 ②
しまいかた

たたみかたをおぼえたら、つぎは服の種類ごとの収納方法をレッスン。
収納がうまくなる秘密のちょいテクも教えちゃうよ♪

しわになるorならない服でしまいかたも変わる！

ワンピースやコート、シャツなど、しわになりやすい服は、ハンガーにかけて収納しよう。しばらく着ない服は、つるすタイプの防虫剤といっしょに、ゆったりと収納すると◎。

ワンピース

コート

シャツや
ブラウス

しわになる服や
かさばる上着は
ハンガーで収納

Tシャツやトレーナーは立てて収納

しわになりにくいトップスは、コンパクトにたたんで、タンスや収納ケースにしまおう。下にすべり止めシートをしいておくと倒れにくいよ。

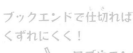

ブックエンドで仕切れば
くずれにくく！

ロゴやエンブレムを上にして
どの服かわかりやすくしまおう

底にすべり止め
シートをしくと
倒れにくい

ハンカチは立てて収納

ソックスも立ててしまう

ソックスや下着は仕切り付きのボックスに

小さいものは、種類ごとにしまうと取り出しやすいよ。ハンカチは小さくたたんで、立てて収納するのがおすすめ。

ブラはカップが
つぶれないようにゆったり収納

スカートやスカンツは専用のハンガーにかけよう

しわになりやすいスカートやスカンツは、ウエストの部分をとめられるハンガーにかけて収納してね。

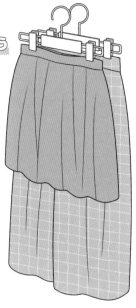

パンツは重ねて収納してもGOOD♪

パンツはたたんで、ベルト部分を奥にして、収納ケースの上に重ねて収納。折り目がベルト部分に重ならないようにするときれいだよ。

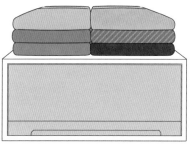

収納にこまる水着は保存袋に！

夏以外の時期は、排水溝用の水切りネットに、防虫剤といっしょに入れておくのもおすすめ。

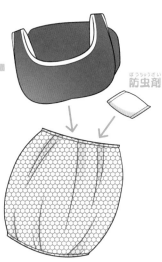

防虫剤

服の収納がもっとうまくなるちょいテク！

オフシーズンの服

今の時期に着る服

衣替えが ラクになる ちょいテク

春夏、秋冬に着る服は、分けて収納すると◎。ハンガーパイプなら手前に、収納ケースなら上に、今の時期に着る服をしまおう。衣替えの時期が来たら、入れかえるだけだからラクチン♪

今日着ていく服に なやまない！ ちょいテク

いつもコーデにまよいがちなら、明日着る服を決めておいて、クローゼットのとびらや目につく場所にかけておくといいよ。

75

ボア付きの
アウター

ダウン
ジャケット

ボア素材の
アウター

吊るす収納だと
かさばっちゃう！

厚手のアウターは、ハンガーにかけて収納すると、場所をとっちゃうよね。そんなおなやみを解決する、とっておきの収納術を伝授！

1 ジッパーや ボタンをしめて……

前身ごろにジッパーやボタンがついてい
るアウターは、全部しめてからたたもう。

2 首の部分を内側に 折りこんでたたもう

66 〜 67 ページを参考にたたもう。首の
部分やフードは内側に折りこんでね。

3 ストッキングに 服を入れる

しっかり丸めて空気をぬいたら、
100 均で売っているひざ下丈
のストッキングなどにていねい
に入れよう。

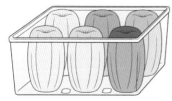

5 収納ケースに 立ててしまおう

ストッキングに入れたアウターを、収納
ケースに立ててならべれば OK。ケース
の中に乾燥剤を入れるのも忘れずに。

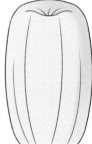

4 全部入ったら ストッキングの あまった部分を押しこもう

服を入れ終わったら、ストッキングのあ
まった部分を、上からギュッと押しこんで。

服の収納 ③
お手入れ

お気に入りの服は、できるだけ長持ちさせたいもの。服の種類に合わせたお手入れテクで、きれいな状態をキープしよう！

大切な服を長持ちさせよう！

服のお手入れは大変そうに思えるけど、じつは意外にかんたん。洗剤やアイロンを使うときは、おうちの人に使いかたを聞いたり、手伝ってもらえば安心だよ☆

衣類用のミストをシュッ！

すぐに洗たくしないアウターは、しわにならないようにハンガーにかけて、衣類用ミストをひとふきしてね。

上着のお手入れ

ハンガーにつるして収納

厚手のアウターは型くずれしやすいから、かならずハンガーにかけて。太めのハンガーを使うのがポイントだよ。

MIST

服のよごれを落とす

落ちにくいよごれは、40℃のお湯に酸素系漂白剤をとかしてつけおき。漂白剤を使うときは、おうちの人に見てもらおう。

服がほつれてしまったら、服を裏返して、スチームアイロンでほつれのまわりの布をしっかりとしごこう。アイロンを使うときはやけどに注意してね。

おうちの人といっしょに！

ほつれをカンタンに直す

もとに戻すとほつれが消えてるよ！

アイロンをかけ終えたら、服を表に返してみて。ほつれが消えていてびっくりするよ！

少ない手持ち服でも ファッションは 楽しめる!

手持ち服が少ない、服が多すぎてしまいきれない……。そんなおなやみは、着まわし力を身につけることで解決できるよ!

ファッションは服の数より着まわし力!

おしゃれ上手は着まわし上手。手持ち服が少なくても、服のえらびかたと組み合わせかたしだいで、コーデは無限大!

着ていない服とはお別れして、新しい服を買うときは、下のリストをチェックしてみて。本当に必要だと思う服だけをうまく着まわせば、収納スペースにこまることもなくなるよ♪

服を買うときのポイントをチェック

- [ ] 手持ちの服と合わせやすそう?
- [ ] にたような服を持っていない?
- [ ] 試着してみて着ごこちはいい?
- [ ] 後ろ姿はチェックした?

こんなおなやみ、着まわしで解決！

にたような服ばかり
買っちゃう……

着ていない服でも
もったいなくて
捨てられない

手持ち服が少ないと
いつもにたような
コーデになりそう……

着まわし力を
身につけて
少ない服でも
おしゃれに！

次のページから
着まわし例を紹介！

ガーリーコーデの着まわしLESSON

春夏

ピンクや花柄、ギンガムチェックなど、かわいい色&柄で女の子らしく。
デニムで軽快さをプラスしてもキュートにキマるよ♪

花柄のガウンワンピ

Chocolate
Cookie♥

白のロゴT

着まわす
6着はコレ！

cute

ピンク×白のボーダーT

デニム

水玉のスカート

レモンイエローの
ワンピ

ワンピの前を開けて こなれ感をプラス☆

1枚でも 重ね着でも◎

えりのないガウンワンピ は、アウターっぽくも着 られて便利。前を開けて ロゴをチラ見せしてね☆

白Tは 着まわし度No.1！

シンプルな白Tは、す そをパンツにインすると、 きれいめ＆きちんとした 印象になるよ。

そでをまくると 手首がきゃしゃ見え！

ワンピのそでを少しまくっ て、手首をちらりと見せると、 きゃしゃなイメージに♪

ガーリーコーデの着まわしLESSON

ガーリーな色使い（いろづか）いのトップスを、カーキやモノトーンのボトムで引（ひ）きしめて。1枚（まい）でもおしゃれにキマるワンピはマストだよ☆

着（き）まわす6着（ちゃく）はコレ！

スモーキーピンクの
ロング丈（たけ）スウェット

LovE
FLoweR

グレーの
ハイネックセーター

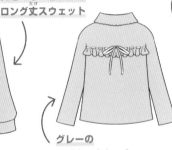

カーキのワークパンツ

黒地（くろじ）のワンピ

ベージュの
ざっくりカーデ

白（しろ）のコーデュロイ
スカート

ざっくりトップス&ワンピで 絶妙(ぜつみょう)なバランスに!

ゆるシルエットが カワイイ♪

スカートでもパンツでも合(あ)わせやすくて、こなれ感(かん)を出(だ)せるざっくりニット。

シックな ワンピを少(すこ)し 着(き)くずして

ワンピとざっくりニットを組み合わせて、ちょっぴりカジュアルダウンさせるとおしゃれだよ。

秋冬(あきふゆ)はブーツが マスト♪

秋冬(あきふゆ)の定番(ていばん)、サイドゴアブーツ。秋(あき)はソックス、冬(ふゆ)はタイツと組み合(あ)わせるのがおすすめ☆

カジュアルコーデの着まわしLESSON

カジュアル派の定番といえばデニム。Tシャツやスポ系アイテムと相性のいい、ジャンスカと太めデニムで着まわしはバッチリ♪

着まわす6着はコレ！

ミントグリーンのブルゾン

スポ系白T

赤×白のボーダーT

デニム地のジャンスカ

ピンクのビッグT

太めデニム

Tシャツの重ね着で一気に上級者っぽく!

**キュートな
ヘアスタイルで
ガーリー成分をオン☆**

ラフなコーデは男の子っ
ぽくなりがち。ヘアスタ
イルや服にガーリーな要
素を入れてみて。

**サイズ感の違う
Tシャツを重ねて**

初夏におすすめなのが、
Tシャツの重ね着。動い
たときに、チラリと見え
るボーダーがかわいい☆

**太めシルエットで
大人っぽカジュアル!**

定番のデニムも、太め
シルエットのものなら
大人っぽく。トップスを
軽くするとバランス◎。

カジュアルコーデの着まわしLESSON

肌寒(はだざむ)い秋冬(あきふゆ)でも、明(あか)るめカラーをまとって元気(げんき)いっぱい☆ ウインドブレーカーは、着(き)まわし力(りょく)も防寒性(ぼうかんせい)も高(たか)い便利(べんり)な1着(ちゃく)だよ。

着(き)まわす6着(ちゃく)はコレ！

イエローのスウェット

HAPPY ☆ GIRL

ネイビーの
ウインドブレーカー

Precious
I'm happy
to see you.

白(しろ)のロンT

ピンクの
パーカーワンピ

See you
Again♡

チェックのミニスカ

アイスブルーのパンツ

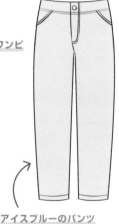

イエローのさし色で寒い季節も元気ガール♪

明るめカラーをチラ見せ

ウインドブレーカーの前を開けて、スウェットのイエロー＆ロゴを見せると軽快な印象に♪

ミニスカを合わせてかわいくキメ☆

季節感のあるチェック柄のミニスカ。カジュアルなアイテムと合わせると、おしゃれ感アップ！

ソックスは服の色と合わせるとGOOD

ウインドブレーカーと同じ、ネイビーのラインが入ったソックスで、まとまりを出してみたよ。

バッグの収納テクニック

意外にスペースをとるバッグは、収納のしかたになやむよね。ここで紹介するテクを使えば、スッキリきれいに収納できるよ！

収納のしかたで長持ち度が変わる！

バッグはデザインもサイズもまちまちだから、置き場所になやみがち。だからといって、置きっぱなしにしたり、空いたスペースにつめこむのは NG。正しい収納方法をおぼえて、大切なバッグを長持ちさせよう！

空いている場所に重ねて置く

NG

NG

ボックスにつめこむ

レンのひとこと！

乱暴にあつかうと、バッグの型くずれや変色の原因になっちゃうよ。きちんと収納して、ときどきはお手入れすることを心がけてね！

S字フックでつるして収納！

S字フックは長さもデザインもいろいろ♪

長さのちがうS字フックに、バッグが重ならないようにかけよう。大きめのフックなら、おけいこ用のバッグをまとめてかけても GOOD。

あまり使わないバッグはボックスに立てて収納

決まった季節にしか使わないバッグは、ボックスにしまっておこう。風通しのいい場所に置くか、乾燥剤を入れてね。

くつの
お手入れ

「おしゃれは足もとから」と言われるように、おしゃれな人はくつにも気を使うもの。ふだんのお手入れで、足もともきれいにしてみてね☆

玄関やくつ箱に置きっぱなしは×！

くつの置きっぱなしは、変色やカビのもと。くつ用の防水スプレーをかけたり、布素材のくつならときどき洗ったりして、きれいをキープして。

くつのにおいが気になるときは……

においが気になるときは、くつの中にアルコールスプレーを吹きかけよう。アルコールにはにおい防止の効果があるよ。

アルコールがかわくまで、風通しのいい場所でくつを干せばOK。

くつのよごれが
気になるときは……

1
キャンバス（布）素材のくつは、丸洗いできるよ。まずはたらいかバケツに水をはって、くつ全体をぬらしておこう。

2
洗たく用石けんをこすりつける。よごれがひどいところには、重点的に石けんをつけて。

3
くつ洗い用のブラシを使って洗う。黒のくつひもは、くつから外し、40℃以上のお湯に入れて、酸素系漂白剤を入れてしばらく置けばOK。

4
洗い終わったら、タオルでしっかりと水気をふきとろう。かわくまでの時間を短縮できるよ。

5
水気がなくなるまで、かげ干ししよう。日当たりのいい場所だと、くつが痛むことがあるから注意。

2 服・本・趣味のもののかたづけかた

学校道具 & おけいこ道具の整理整とん

ふだん使う学校＆おけいこ道具は、手に取りやすい場所に置くのがポイント。意外な場所が、収納スペースとして利用できるよ！

置き場所を決めれば時短にもなるよ！

学校やおけいこに行こうとしたら、道具が見つからなくてあわてた経験はない？　ふだんから道具をバッグにまとめておくこと、バッグの置き場所を決めておくことで、ゆとりを持って準備できるよ。

さくらのひとこと！

おうちで学校道具やおけいこ道具を使ったあとは、バッグへもどすようにしているんだ。これで忘れものをしなくなったよ♪

持っていく道具はバッグにまとめる習慣をつけよう

PIANO

LOVERY POP

ラックのサイドに学校用のカバンをつるす

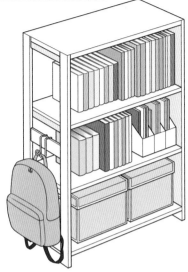

本棚のサイドにスチールフックを引っかければ、バッグの収納スペースが完成！ スチールフックは100均でも手に入るから、チェックしてみてね。

タオルバーで収納スペースをプラス！

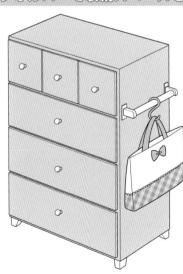

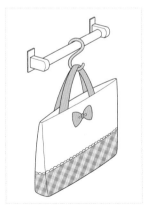

ラックやタンスのサイドに、タオルバーを取りつけて、S字フックを引っかけてもOK。バッグを何個も下げられるから便利だよ。

本棚の使いかた&ならべかた

本屋さんみたいに、本がきれいにならんだ本棚ってあこがれるよね。
そんなあこがれをかなえる、本の収納テクをまとめてみたよ☆

同じ本棚でも使いかたで見ばえが変わる！

本棚がきれいに見えるかどうかは、使いかたしだい。本をてきとうにつめこむだけだと、きたなく見えるうえに、お目当ての本を探しにくくなっちゃうよ。本棚を上手に使って、見ばえと使いやすさを両立させよう！

空きスペースで見せる収納！

お気に入りの本や雑誌は、ブックスタンドを使って、見せる収納にするとおしゃれ。

レンのひとこと！

表紙がすてきな本をえらんで、見せる収納にしてもいいね。気分や季節に合わせて、見せる本を入れかえるのもおすすめだよ。

ブックスタンドはインデックスシールでわかりやすく！

出番の多い本は、ブックスタンドに収納して、手のとどく場所に置くのもおすすめ。教科や本の種類を書いたインデックスシールを、ブックスタンドの背にはると使いやすいよ。

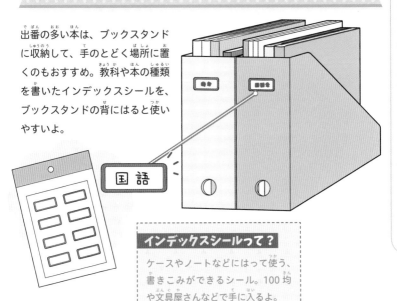

国 語

インデックスシールって？

ケースやノートなどにはって使う、書きこみができるシール。100均や文具屋さんなどで手に入るよ。

よく使う本は机の上に置いてもOK

学校や塾の宿題に使う本は、ブックスタンドに収納して、机の上に置いても◎。使ったあとは、もとの場所にもどすのを習慣にしてね。

きれいに見えて使いやすい！ 本のならべかた

 高さ順にならべる

高さがバラバラだと
きたなく見えちゃうよ！

本をならべるときは、利き手側に向かって、だんだん高くなっていくようにならべるときれいに見えるよ。高さがバラバラにならべてあったり、ならんだ本の上に入りきらなかった本をのせたりするのは NG ！

本の高さ順に
ならべるときれい

低い ⟶ 高い

さくらのひとこと！

本をかたづけるときは、時間を決めてやるといいんだって！ ダラダラかたづけてると、つい本やマンガを読んじゃうからね。わたしも古いマンガを見つけて、ずっと読んじゃったことがあるな～。

2 ジャンルごとに置き場所を決める

よく使う本は近くに、大きくて重い本は低い場所にしまうのが基本。勉強に集中したいなら、まんがや雑誌はわざと高い場所に置くのも手だよ。

まんがや趣味の本

よく使う本

ときどき使う本

辞書など大きい本

3 続きものの本は左から順にならべる

じてん1　じてん2　じてん3　じてん4　ずかん上　ずかん下

辞典やずかん、まんが、小説など、続きものの本は巻数の順番にならべるとわかりやすいよ。何巻も続く本は、左はじに1巻を置こう。上下巻で終わっている本は、左に上巻、右に下巻を置いてね。

スマホやゲーム機の収納テク

スマホやゲーム機の充電器やイヤホンは、ごちゃごちゃになりやすいから要注意。100均で買えるグッズを使って上手に収納しよう!

このテクで出しっぱなしにさよなら!

充電器をコンセントに差しっぱなしにしたり、床に置きっぱなしにしたりすると、コードが痛みやすくなっちゃう。おすすめの収納テクは、コードをきれいにまとめて、フックにつり下げる方法。これならめだたずに収納できるよ☆

スマホの充電器はつるして!

コードはバンドでゆったりと巻いておこう。あまりきつく巻きすぎると、コードが痛むことがあるから気をつけてね。

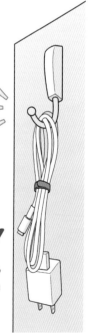

机や本棚のサイドにフックを取りつけて、コードをぶら下げるだけ。コンセントに近い場所をえらぼう。

ゲーム機＆ゲームソフト収納は100均グッズを活用！

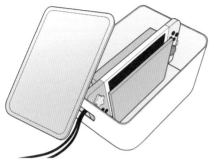

ゲーム機はふた付きのケースに収納

持ち手になる穴が開いた、ふた付きのケースは、ゲーム機の収納にぴったり。充電ケーブルを穴に通せば、収納しながら充電することもできるよ。

リモコンは立てる収納でも◎

コードがついていないリモコンなら、仕切り付きのケースに立てて収納しても OK。新しくケースを買う場合は、リモコンのサイズをはかっておくと安心だよ。

ゲームソフトは専用のケースにしまおう

ゲームソフトは、100均で売っている専用ケースにしまうのがおすすめ。ホコリがつくのをふせげるのもうれしい♪

趣味のものの収納テク

趣味のものもきちんと収納できるようになれば、誰もがみとめる収納上手さん♪　かざる収納も紹介しているから、参考にしてみてね。

保存袋やポーチを活用しよう

　ジッパー付きの保存袋や、内ポケットのあるポーチは、趣味のものの収納にぴったり。持ち歩くときにも便利だよ。好きなキャラクターや柄をあしらったポーチなら、使うたびに気分もアガるね☆

インスタントカメラはかざる収納がオススメ

本棚やサイドボードに置けば、写真をとりたいときにサッととれて、見た目もおしゃれ！

びんせんやシールは ジッパー付きの保存袋にイン！

ジッパー付きの保存袋は、いろんなサイズがあるから便利だよ。開け閉めしやすい、スライド式のジッパーがついたものがおすすめ。

音楽プレーヤーはポーチに収納

プレーヤー本体はそのままポーチに、イヤホンと充電器は内ポケットにイン。お出かけするときには、ポーチごと持っていけばいいからラクチンだよ♪

本体はそのまま入れればOK♪

友だちがおうちに来たら

人数分のスリッパを用意しておこう

友だちの人数分のスリッパを、玄関にならべておくと GOOD。友だちが来る時間の 30 分まえくらいに準備しておけば、友だちが来てからバタバタしないですむよ。

上着をあずかってハンガーにかけておく

友だちがアウターを着ていたら、その場であずかって、用意しておいたハンガーにかけておこう。マフラーや帽子など、お部屋でははずすものも、アウターといっしょにあずかってあげてね。

友だちを初めて呼ぶときはおうちの人に紹介しよう

おうちの人が会ったことのない友だちが遊びに来たら、「同じクラスの○○ちゃんだよ」と紹介しよう。友だちがあいさつしやすくなるし、おうちの人も友だちに声をかけやすくなるよ。

3

風水でハッピーに！
整理整とんのヒミツ

ハッピーを呼びこむ
風水ルール

恋愛、友情、勉強などのおなやみを解決するための風水ルールを、目的別に紹介するよ♪

毎日の習慣で
ハッピーになろう！

ふだんの行動にも風水ルールを取り入れることで、もっとハッピーになっちゃおう！

お手伝いで
運気をアップ！

家のおそうじを手伝って、家族みんなの運気をアップ。おうちの人にもよろこばれるよ☆

ふぅ…

元気ないね
どうしたの？

お部屋に風水ルールを
取り入れてみよう！

友だちとうまく
いかないし

なんか最近
テストの点も
イマイチだし…

そのなやみの原因は
お部屋にあるんじゃない？

かたづけと運は
関係あるんだよ！

風水って言ってね

はぁ

ええっ!?

気になってる
カイトくんとも話す
チャンスがないし…

インテリアに
ピンクや花柄を
取り入れたり…

恋愛運アップ

ペンケースを
きれいなものに
変えたり…

勉強運アップ

引き出しに
入れっぱなしの手紙を
ホルダーに
しまったり…

友情運アップ

風水っていろんな
効果があるんだね！

すご〜〜い！

でしょ？

次の日──

苦手な
算数のテストも
いいかんじ！

！

さくらちゃん
おはよー！

あ！
あやのちゃん
おはよー！

なんか今日は

絶好調かも！

やったね!!

「風水」ってなに？

「風水」という言葉、聞いたことはあるかな？　風水のいろんなルールを知って、もっとハッピーなわたしを手に入れちゃおう！

じぶんにとって「気持ちいい空間」ですごすことで恋愛・友情・将来がさらにハッピーに！

「風水」は古代の中国で生まれた考えかた。じぶんが生活している空間をととのえて、気持ちよくすごせる空間にすることが風水の基本だよ。たとえば、いらないものを手ばなしたり、家具の位置をかえたり、運気が上がる色を取り入れたり。風水の力を借りて、もっとハッピーな毎日をむかえてみない？

ラッキーの神様が来たくなるすてきなお部屋にしよう！

整理 Seiri

使っていないもの、好きじゃないものがあふれたお部屋は、すごしにくいうえに運気も下がりやすいよ。いちど見なおしてみて！

整とん Seiton

使っていないもの、好きじゃないものを手ばなしたら、残ったものをきちんと整とん。お部屋がかたづくと、運気もどんどんアップするよ☆

清潔 Seiketsu

ラッキーの神様は、きれいなものが大好き。洋服、クッション、ハンカチなど、身のまわりのものはいつも清潔にしよう。

習慣 Shukan

お部屋や身のまわりのものをきれいにしたら、その状態をキープすることが大切。つねに整理、整とん、清潔を心がけてね。

「気」ってなに？

風水の考えかたに、深くかかわっているのが「気」。身のまわりを良い
気でみたすことが、運気アップのカギになるよ♪

「気」＝わたしたちのまわりにあるエネルギー

目に見えないけれど、どんな場所にもあるエネルギーを、風水では「気」と呼んでいるよ。じぶんがすごす場所を良い気でいっぱいにして、悪い気をよせつけないことが、ハッピーをまねくポイント。ここで「気」について勉強して、お部屋を良い気であふれた空間に変えちゃおう！

風水と「気」

身のまわりにある、すべてのものに「気」があるという考えかたが、風水のもとになっているよ。

「気」のつく言葉

元気、人気、やる気など、「気」がつく言葉が多いのは、人にとって「気」が大事なものだという証拠。

2種類の「気」

「気」には良い気と悪い気があるよ。良い気がたくさんあればあるほど、そこにいる人もハッピーに！

「陰陽」の気

「陽」の気をおうちに入れると良いことが起きるよ。逆に、「陰」の気がたまると悪いことが起きることも。

好きなものには良い気が宿る！

お気に入りという言葉どおり、好きなものにはキラキラした良い気が入っているよ。お部屋はもちろん、ふだん使うものもお気に入りばかりにすることを心がけよう！

好きじゃないもの、使い古したボロボロのもの、不潔なものには、悪い気が入っちゃう。もったいないからと置いておかず、お別れしてね。

好きじゃないものには悪い気が入っている

運気の上がるお部屋↗ ✦ ✦

スッキリとかたづいた清潔感のあるお部屋には、しぜんと良い気が流れこんでくるよ。カーテンやベッドシーツ、こものなどが明るい色でまとめられていれば、さらに運気UP！ 窓やライトで明るさをキープするのもポイントだよ。

運気アップのポイント

- □ すっきりかたづいていて清潔感がある
- □ 明るい色で統一されている
- □ ぬいぐるみが少ない／ない
- □ ベッドまわりがきれい
- □ 全体的に明るい

運気の下がる お部屋

　ものがごちゃごちゃとちらかっていて、なんとなく暗い……。こんなお部屋にいると、運気がダウンしちゃうよ。たまったホコリやゴミも、悪い気をすいよせてしまうから、まめにおそうじして清潔なお部屋をキープしよう。

運気ダウンの原因

□ ものがちらかっている

□ 床にものが
　たくさん置いてある

□ ホコリがたまっている

□ 使わないのに
　とってあるものが多い

□ なんとなく暗い

□ ぬいぐるみがたくさんある

□ アイドルのポスターが
　たくさんはってある

目的別 ハッピーを呼びこむ 風水ルール

恋愛から将来のことまで、おなやみを解消する方法を大公開☆

インテリアや日々の行動に取り入れてみよう！

「好きな子に話しかけられない」「友だちとケンカしてばかり」「勉強が苦手」など、誰でもひそかにおなやみをかかえているもの。そんなおなやみを、風水ルールで解消してみない？

ルールと言っても、むずかしいことはいっさいなし。身だしなみや髪型、収納などをちょっとくふうするだけで、運気がアップするよ。目的別に風水ルールを紹介しているから、じぶんに当てはまるものをチェックしてみてね。

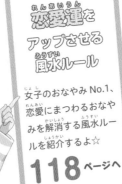

あなたはどの運気を良くしたい？

恋愛運をアップさせる風水ルール

女子のおなやみ No.1、恋愛にまつわるおなやみを解消する風水ルールを紹介するよ☆

118 ページへ

友だちとうまくいく風水ルール

まわりの子とのつきあいかたでなやんでいる子は必見！ すぐにためせるものばかりだよ。

124 ページへ

風水ルールで
おなやみ解消！

うまくいかない、ツイてない。その原因は意外と身近なところにあるかも？

おなやみをそのままにしてちゃダメ。風水ルールを取り入れて、いい運気を引きよせよう！

勉強運を
アップさせる
風水ルール

ふだん使っているアレを見なおすだけで、勉強がはかどるようになるルールを紹介！

127ページへ

金運を
アップさせる
風水ルール

ムダ使いをへらして、ほしいものが手に入るようになる、ヒミツのルールを教えちゃうよ♪

128ページへ

すてきな大人に
なるための
風水ルール

将来のわたしをかがやかせるために、ふだんから実行したいルールを集めてみたよ！

130ページへ

恋愛運をアップさせる風水ルール

おなやみ 1 好きな男子と仲良くなりたい！

このルールで解決！
キラキラ光るものを身につけよう

キラキラしたものには、悪い気をはね返して、恋愛運を高める効果があるよ。ビーズやラインストーンをあしらったヘアアクセや服で、好きな子をふり向かせちゃおう！

CHECK!

ヘアアクセやブラシはトレーで仕切って収納

使うときに取り出しやすく、見た目もきれいだからおすすめ♪

おなやみ 2 すてきな恋に出会いたい！

このルールで解決！

身だしなみに気をつけるだけで恋愛運がみるみるアップ！

ツヤツヤの髪、きれいに手入れされたつめをキープすることも、恋愛運アップのひけつ。ヘアケアとネイルケアを習慣にすれば、すてきな恋に出会えることまちがいなし☆

CHECK!

メイク用品は立ててしまおう

ごちゃごちゃしやすいチューブやボトルは、仕切り付きのボックスに立てて収納するとスッキリ。

NG

パサパサの髪 ❌

❌

爪が長い・きたない ❌

くつのかかとを踏む ❌

女子力をアップしたい！

このルールで解決！

インテリアやファッション、こものにピンクや花柄を取り入れてみて

恋愛運をアップさせる効果を持つピンクや、女性らしさをあらわす花柄は、女子力を高めたいときの強い味方。ふだんピンクや花柄を身につけていないなら、インテリアに取り入れるのもおすすめだよ。

Merci

お部屋にピンクを取り入れてもGOOD♪

おなやみ 4 もっとかわいくなりたい！

このルールで解決！
ヘアスタイルを変えてみよう

運気を良くしたいなら、まずは行動することが大切。たとえば、ヘアスタイルを変えたり、アレンジしてみるのも OK だよ。鏡やヘアブラシをきれいにキープすることで、さらに運気が上がるからためしてみて☆

NG

くもった手鏡 ✕

✕ 毛やホコリのついたヘアブラシ

鏡はピカピカにみがいておこう

モテる女子になりたい！

このルールで解決！

**ハンガーにかけた服を
ぎゅうぎゅう詰めにしない
ことで良いご縁がやってくる！**

クローゼットの収納スペースにゆとりがあると、そこへ良い気がたくさん流れこんでくるよ。お気に入りの服だけを残して、きれいな状態でゆったりと収納すれば、恋愛運が上向きに！

失恋しちゃった……

このルールで解決！

思い出のものは手ばなして次のステップへ！

まえの恋をいつまでも引きずっていると、新しい恋はやって来ないよ。好きだった子に関係する思い出のものや手紙は、パッと手ばなして、新しい出会いのために準備しよう！

おなやみ 7　理想の相手に出会えない

このルールで解決！

着なくなった服とお別れすることでご縁がやってくる！

いる？

いらない？

布はご縁をつかさどるもの。着なくなった服やボロボロになった服を、いつまでも持っていると、いいご縁に出会えなくなることも……。いらない服とはお別れして、すてきなご縁をゲットしてね。

CHECK!

こんな服＆こものは手ばなそう！

- □ よれよれになった服
- □ 毛玉がいっぱいついたセーターやタイツ
- □ 首まわりがのびたTシャツ
- □ 穴があいたソックス

友だちと
うまくいく風水ルール

おなやみ 1 友だちとケンカしてばかり……

このルールで解決！

お部屋のコード類をすっきりまとめると
友だちともうまくいくように！

スマホやゲームの充電器、ドライヤーなどのコードがぐちゃぐちゃになっていると、人間関係もこんがらがりやすくなっちゃう。コード収納用のクリップやボックスを使って、きれいにまとめると友情運がアップするよ。

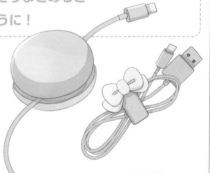

NG

コードがぐちゃぐちゃ

コードをヘアゴムやワイヤーでまとめている

クラスの人気者になりたい！

このルールで解決！
おうちでも外でも笑顔を心がけて

笑顔には良い気を集めるパワーがあるから、しぜんとまわりに人が集まってくるよ。思いきり笑うのではなく、口の両はじを少し上げるだけでもOK。じぶんの気持ちも前向きになれるから、ぜひ実行してみてね♪

友だちと仲よくしたい

このルールで解決！
いい香りで友情運を引き寄せて！

いい香りには、あなたの印象を良くして、友情運をアップさせる効果があるよ。逆に、ドクロモチーフはご縁を遠ざけてしまうから要注意。

NG

ドクロモチーフの服やこもの ❌

おなやみ 4 友だちがわたしの悪口を言ってるかも!?

このルールで解決！

お手紙や年賀状を整理しよう

お手紙やはがきをためこんでいると、友情運が下がる原因に。大事なものだけを残して、きちんと整理しよう。

おなやみ 5 友だちに合わせるのがときどきつかれちゃう

このルールで解決！

ラベンダー色やオレンジ色の服やこものを身につけてみて

ラベンダーには厄落とし、オレンジには明るい気持ちになれる効果があるよ。友だちに合わせるより、じぶんが楽しくすごすことを第一に！

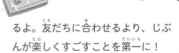

おなやみ 6 最近友だちからのLINEが減った!?

このルールで解決！

LINEやメール、お手紙の返事は早めに出そう

気になることは、早めにすませると運気アップ。おうちのルールを守って、早めにお返事を出してね。

勉強運をアップさせる風水ルール

おなやみ 1 勉強に集中できない

このルールで解決！

ゆとりがあってきれいなペンケースを使おう

ぎゅうぎゅう詰めのペンケースは、使う文具を見つけづらくてイライラするうえに、良い気が入らないので×。スペースにゆとりがあって、きれいなものを使うと勉強がはかどるよ。

NG

× 缶のペンケース

× 使い古したペンケース

金運をアップさせる風水ルール

おなやみ 1 気づくとおこづかいがなくなってる！

このルールで解決！
長財布に替えてムダ使いにさよなら！

お札がきゅうくつにならない長財布は、金運をアップさせるアイテム。お札を下向きに入れると、お金が出ていきにくくなって、さらにお金がたまりやすくなるよ。

お札は頭を
下にしてしまおう

お金は暗いところが好き！
しまうときは
引き出しの中へ

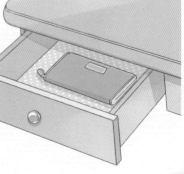

おなやみ 2 ほしいものがなかなか手に入らない

このルールで解決!
いらないものを手ばなしてみよう

たくさんものがあるところには、新しいものが入ってこなくなっちゃう。使っていないものや好きじゃないものは、思いきって手ばなしてみて!

おなやみ 3 お年玉をもらうとすぐ使っちゃう

このルールで解決!
トイレをきれいにして金運 UP

トイレをきれいにすればするほど金運もアップ。悪い気がたまりやすい場所でもあるから、便座のふたやドアは必ず閉めてね。

トイレそうじで運気も上がる!

便座のふたやドアを開けっぱなしにすると、悪い気が外へ出ちゃうから注意して!

すてきな大人になるための風水ルール

おなやみ 1　将来の夢がないの……

このルールで解決!

お気に入りのくつが、あなたを新しい世界へ連れていってくれるよ!

はいていて気持ちいいくつは、新しいとびらを開いてくれるラッキーアイテム。足にぴったり合ったくつをえらんで、いつもきれいをキープするよう心がけてね。

季節のくつは大切に保管

はかない季節は、竹炭入りの袋と一緒に大切に保管しよう。

CHECK!

おなやみ 2 なんとなく気分がアガらない

このルールで解決！

フタのついたゴミ箱や毎日の入浴でモヤモヤ気分にさよなら！

ゴミは悪い気を集めてしまうから、ためこまないのがいちばん。ふたのついたゴミ箱を使うと、においだけでなく、悪い気が外へにげるのをふせげるよ。じぶんの体についた悪い気を落とすために、シャワーですませず、湯ぶねにしっかりつかるのも◎。

心や体の調子が悪いのは、体についた悪い気が原因かも。バスタイムで悪い気を落としちゃおう！ 暑い日はシャワーだけですませがちだけど、湯ぶねにはしっかりつかって、見えない悪い気も疲れも落とそう。

性格を変えたい！

このルールで解決！

いろいろな本を読んでじぶんみがきをしよう

じぶんを変えるきっかけがほしいなら、読書がおすすめ。知識が身につくだけじゃなく、心が豊かになって、どんどんあなたの魅力がアップしていくよ☆

本棚の中はぎゅうぎゅう詰めNG。空きスペース＝知識の入るスペースだよ。

いつもツイてない気がする……

このルールで解決！

ぬいぐるみやアイドルのポスターをチェック！

どうしてもぬいぐるみを置きたいなら、お気に入りだけを３つ以下にしぼってね。

ポスターをはるなら南側に。ポスターの「気」が弱くなる効果があるよ。

ぬいぐるみやアイドルのポスターなど、目がついているものは良い気をすい取ってしまうので要注意。なんとなく置いてあるもの、はってあるものは手ばなして、本当のお気に入りだけを残そう。

おなやみ 5 これからもハッピーな未来にしたい！

このルールで解決！

鏡やスマホをピカピカにしておくと人生もピカピカになるよ！

くもった鏡は、あなたの人生までくもらせちゃうよ。お部屋にある鏡や携帯用のミラー、スマホの液晶をまめにみがいて、ハッピーな未来をむかえよう！

NG

ヒビやよごれがあるものは×

スマホの液晶にヒビが入ったり、カバーやケースがよごれてきたら、早めに新しいものに取りかえよう。

色が持つ気の力を借りよう

「気」は色にもやどっているよ。それぞれがもたらす効果をおぼえて、身のまわりに取り入れてみて。

インテリアや持ちものに色を取り入れておなやみを解決しよう

緑の多い場所にいると、気分が落ちつくよね。こんなふうに、色には気分や運気を変える力がやどっているよ。色の力を上手に使って、おなやみとさよならしちゃおう！

ふだんイライラしがちなら、お部屋に緑を取り入れてみて。気分が落ちついて、リラックスできるよ♪

すぐイライラしちゃう……

緑を取り入れてリラックス！

お部屋に取り入れよう！色がもたらす効果

 黒
- ☑ 落ちつき
- ☑ 安定

黒には気持ちを落ちつかせる効果があるよ。ただし、暗く見える色でもあるから、ファッションやインテリアに取り入れるときは、黒の使いすぎに注意してね。

 白
- ☑ ピュア
- ☑ 素直な気持ち

純粋さ、素直さをあらわす白には、よごれや悪いものを洗い流す効果があるよ。モヤモヤするときは、白をファッションに取り入れてみるといいかも☆

 赤
- ☑ 元気

引っこみじあんな子や、すぐにくよくよしちゃう子は、赤の持つパワーを借りてみて。ベッドまわりに赤があると、よく眠れなくなるので気をつけてね。

 青
- ☑ 直感力
- ☑ 冷静さ

ひらめきや冷静さをあたえてくれるほか、まわりの人といい関係を持てるようになる効果も。食欲をおさえる色でもあるから、美容にもお役立ち♪

 黄
- ☑ 元気
- ☑ ときめき

気分を明るくしたいときや、元気がほしいときは、黄色におまかせ。おでかけやデートに着ていく服に、黄色を取り入れれば、1日中楽しくすごせそう！

 緑
- ☑ 成長
- ☑ リラックス

心と体を落ちつかせて、リラックスさせてくれるよ。成長を助ける効果もあるから、インテリアやふだん身につけているものに取り入れるのも GOOD ☆

 オレンジ
- ☑ 出会い運 ☑ 元気

新しい出会いがほしいなら、出会い運をアップさせるオレンジ色がおすすめ。赤ほど強い効果はないけれど、元気をあたえてくれる色でもあるよ。

 紫
- ☑ 知性
- ☑ おしゃれ

知性、上品さ、おしゃれ、風格などをもたらす色だよ。想像力をアップさせる効果もあるから、ファッションだけじゃなくインテリアに取り入れても◎。

毎日の習慣でハッピーなわたしになる

すぐにまねできる毎日の習慣で、もっとハッピーを引きよせよう！

朝に実行したい習慣

習慣1 起きたらすぐにお部屋の空気を入れかえよう

朝は良い気が流れているから、起きたら窓を開けて、良い気をお部屋に取り入れよう。前の日にお部屋へ入ってきた悪い気を、外へ出すという意味もあるよ。

習慣 2　出かけるまえにはベッドをきれいに！

眠っている時間は、運や良い気を体に取りこむ大切な時間。ベッドまわりによごれやホコリがあると、良い気が入ってきづらくなるので、いつも清潔にすることを心がけよう。

出かけるまえにベッドまわりを軽くととのえたり、週末におふとんを干したり、ベッドシーツを洗たくすると GOOD ！

ベッドまわりをきれいにしておくことで、しっかり疲れがとれて、良い気も取りこみやすくなるよ。

まめにおふとんを干す

シーツなどを洗たくする

夜に実行したい習慣

習慣3 寝ている姿が鏡に映らないようにする

寝ているじぶんの姿が鏡に映ると、鏡に「気」を吸いとられて、眠りづらくなることがあるよ。鏡の位置を動かせないなら、布やカバーをかけて鏡をかくしてね。

習慣4 寝るときはうっすらと明かりをつけると◎

まっ暗なお部屋は、陰の気がとても強くなってしまい、心と体に悪い影響をあたえることも。眠るときは、ライトの明るさをおさえるか、間接照明を置いて、お部屋がうっすらと明るくなるようにするといいよ。

ふだんから心がけたい習慣

習慣 5

クッションやまくらの カバーはこまめにかえる

　よごれた布があると、お部屋に悪い気がたまりやすくなっちゃう。クッションやまくらのカバーは、まめに洗たくするか、別のものに交換しよう。つねに清潔をキープすることが大事！

習慣 6

いい香りにつつまれたお部屋で ハッピーを引きよせて！

　良い気は、いい香りに集まるもの。ルームスプレーやルームフレグランス、アロマキャンドルなどを使って、お部屋をいい香りでみたすと、運気がアップするよ☆

ルームフレグランス

ルームスプレー

習慣 7

床をピカピカにして
悪い気をはらっちゃおう！

低いところには、悪い気がたまりやすいよ。お部屋の中では、床が要注意ポイント。いつもピカピカにして、悪い気をはらおう！

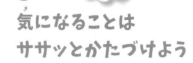

習慣 8

気になることは
ササッとかたづけよう

気になることは早めにすます習慣をつけて。うれしいことや新しいことが、どんどんやって来るよ♪

習慣 9

ベッドやおふとんの 置き場所にも注目！

寝ているときに、頭と壁の間にすき間があると、じぶんの「気」がぬけてよく眠れなくなっちゃうことも。ベッドやふとんの頭側は、ぴったり壁につけよう。ドアのまえも、「気」がぬけやすい場所だから注意してね。

ベッドやふとんは、「気」が通りにくい位置に置くと◎。ぐっすりと眠れて、疲れがとれるよ。

NG

ドアのまえで
寝る

ベッドやふとんの頭側が
壁からはなれている

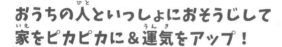

お手伝いで運気アップ！

じぶんのお部屋だけじゃなく、家もきれいにして開運しちゃお♪

おうちの人といっしょにおそうじして家をピカピカに＆運気をアップ！

家のおそうじをお手伝いすれば、ピカピカになったぶんだけ家の運気もアップ！　おうちの人もよろこんでくれて、まさにいいことずくめだよ♪

おうちの人といっしょにおそうじしてもいいし、「今日はここをおそうじするね」と声をかけても◎。おそうじに使った道具をかたづけるのも忘れずに。

玄関は、「気」が入ってくる大切な場所。かたづいた清潔な玄関なら、ラッキーの神様も思わず入りたくなっちゃうことまちがいなし。表札や郵便受けもおそうじすればカンペキだよ☆

ここも忘れずに！

・表札
・郵便受け

・たたき
（くつをぬいだりはいたりする場所）

CHECK!

ウェットシートでラクラクおそうじ♪

たたきの砂ボコリやよごれは、大きめのウェットシートでふくのがおすすめ。ぞうきんのように洗う手間がないから、やる気をキープできるよ。

トイレ　ピカピカにするほど金運アップ♪

　トイレは陰の気がたまりやすい場所。まめにおそうじすれば、金運と健康運がアップするよ。いやなにおいは悪い気をまねくもとになるから、換気するのも忘れずに。

CHECK!

トイレにいる時間はなるべく短く！

トイレで本を読んだり、スマホをいじったりしていない？トイレに長くいるほど、陰の気をあびて運気が下がっちゃうよ。長居はさけてね。

洗面所 鏡をみがいてビューティー運アップ♪

清潔でかたづいた洗面所は、金運をアップしてくれるよ。さらに、鏡をピカピカにみがくことでビューティー運もアップ。じぶんのお部屋の鏡や窓をおそうじするついでに、ほかのお部屋にある鏡もきれいにしちゃおう♪

キッチン お皿洗いで悪い気をはらおう

トイレだけでなく、キッチンも金運と健康運に関係する場所。食事したあとは、早めにお皿を洗い、シンクをそうじすれば、運気がアップするよ。スポンジがよごれたら早めに交換してね。

ここも忘れずに！

- 蛇口
- 窓ガラス
- コンロまわり

おもてなしのルール **3**

飲みもの＆おやつの出しかた

飲みものに合った器をえらぼう

冷たい飲みものはグラス、温かい飲みものはマグカップなど、飲みものを出すときは器えらびにも気を使って。人数が多いときは、かわいいデザインの紙コップを使ってもOK。

ウェットティッシュを用意しておくとGOOD

飲みものをこぼしたときや、おやつで手がよごれたときのために、ウェットティッシュを近くに置いておくと便利。ふだんのおそうじにも使えるから、いくつかストックしておこう。

おやつはかわいい器に盛るとおしゃれ！

袋に入ったお菓子は、そのまま出すより、かわいい器に盛りつけて出したほうがおしゃれに見えるよ。カップ入りのゼリーやプリンも、器に盛って、スプーンをそえるとおしゃれ度UP☆

グラスやカップを直接床に置くのは×

どんなに仲のいい友だちでも、飲みものを床に直接置くのはマナー違反。トレーにのせるか、テーブルや机の上に置いてね。冷たい飲みものには、ストローをそえるといいよ。

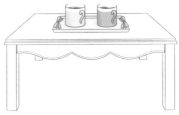

キレイ＆おしゃれな部屋になる インテリア

模様替えの基本テク

時間とお金をかけなくても、手軽にお部屋の模様替えができるヒミツのテクを紹介☆

すぐできる！ かわいいDIY

おうちにあるものと、100均でそろうものだけで、便利な収納グッズが作れちゃう！

お部屋のおなやみ別 模様替えアイデア

お部屋に関するいろいろなおなやみを、誰でもまねできる模様替えアイデアで解決！

お部屋がきれいになったのは
いいんだけど…

自分のスタイルが
あるコッて
カッコイイな～

もっと私らしいお部屋に
できないかなぁ？

ほぇ～

自分らしさを
表現できるって
すてきだよね！

う～ん

「模様替え」のコツを
教えるときがきたみたいだね！

ついに最終ステップ！

キラーンッ

そして週末——
模様替え大作戦が
スタート！

がんばれ～！

「模様替え」3つの基本テク

お部屋のイメージをガラリと変えるのが「模様替え」だよ。アイデアとプチプラグッズで模様替えして、理想のお部屋を手に入れよう☆

時間とお金をかけなくても模様替えはできる！

模様替えと聞くと、家具を買いかえたり、壁紙をはりかえたりと、大変そうなイメージがあるよね。でも、安心して！ 家具の配置を変える、100均グッズでデコる、お手軽DIYに挑戦する……など、じぶんでできる模様替えもいっぱいあるよ☆

BEFORE

ごちゃごちゃして歩きにくいお部屋が……

模様替えの基本テク 1

家具の場所や向きを変える

お部屋がせまく感じたり、歩きにくかったりする理由は、家具の配置にあるかも！　机と本棚、ベッドとクローゼットを近くに置く、ドアの近くに家具を置かない、などのポイントを押さえるだけで、すごしやすい空間になることもあるよ。いちど、お部屋全体を見なおしてみてね。

ここに注意！

☐ 机と本棚のように、近くに置いたほうがいい家具の組み合わせを考えよう。

☐ お部屋を歩いてみて、じゃまな位置に家具がないかをチェック！

☐ 大きな家具を動かすときは、おうちの人に手伝ってもらおう。

AFTER

歩きやすくてスッキリしたお部屋に！

お部屋全体のカラーを統一

ベッドカバーやじゅうたん、収納グッズなどの色がバラバラだと、お部屋が落ちつかないふんいきになっちゃうよ。お部屋のメインカラーを1色or2色にしぼって、収納グッズは同じデザインのものでそろえてみて。お部屋がぐんとあかぬけるよ！

NG

> ※ 部屋にあるものの色がちぐはぐ
> ※ 収納グッズのデザインがバラバラ
> ※ 本棚の本が高さ順にならんでいない

> ◎ 部屋にあるものの色に統一感がある
> ◎ 収納グッズのデザインをそろえている
> ◎ 本棚の本が高さ順にならんでいる

OK

模様替えの基本テク **3**

ベッドカバーやカーテンでふんいきを変える

ベッドカバーやカーテンなど、めだつものの色や柄を変えると、お部屋のふんいきがガラリと変わるよ。買いかえるときは、どんなデザインがお部屋に合いそうかを、先に考えておこう。

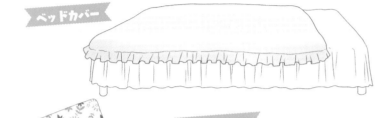

ベッドカバー

ラグ

カーテン

模様替えの基本テク **4**

クッションを足す

なんとなくお部屋がさびしい、地味だと感じるなら、クッションを足すのも手。形も色もバリエーションが多いから、お部屋のふんいきに合ったものをえらべるのも◎。

お部屋のテーマを決めよう

映画や雑誌に出てくるような、すてきなお部屋を手に入れるにはどうすればいい？　その答え、ここでこっそり教えちゃうよ♪

ふだんからイメージするのも大切！

理想のお部屋を手に入れるためには、ふだんから「こんなお部屋にしたい」とイメージするのが大事。雑誌のお部屋特集や、

お店のインテリアを見て、参考にするのもいいよ。気に入ったページの切り抜きをお部屋にはれば、モチベもアップ♪

雑誌

お店のディスプレイ

どんなふんいきのお部屋ですごしたい?

好みのテイストを思い浮かべよう

お部屋のテーマ決めがむずかしいなら、じぶんが好きなテイストを思い浮かべてみて。かわいい感じ、シンプルな感じ、ロックな感じ……どんなテイストが好き? 思い浮かんだら、それをお部屋に当てはめて考えてみてね。

さくらのひとこと!

好きなファッションを思い浮かべると、理想のお部屋をイメージしやすくなるよ。わたしはガーリー系が好きだから、お部屋もかわいくしたいな♪

お部屋のテイスト例

元気が出る
ふんいきに!

**ポップ
スタイル**

カラフルなお部屋は、いるだけで元気になれちゃう☆ 派手に見えるけど、メインカラーを3色にして、まとまりを出しているのがポイント。

清潔感のある
お部屋にしたい

**シンプル
スタイル**

清潔感がある、スッキリした大人っぽいスタイル。勉強や読書に集中したい子にもぴったりだね。白がベースだから、お部屋が広く見えるのも魅力♪

お店みたいに
おしゃれにしたい

**アート
スタイル**

シックな色使いと、壁にかざったポスターがおしゃれ。アートなふんいきの中ですごしているうちに、どんどんアイデアがわいてきそう!

メインの色を考えよう

コーデを考えるときは、服の色の組み合わせも重要だよね。お部屋も同じ。テーマに合った色をえらぶことで、理想のお部屋にグンと近づくよ。たとえばガーリーなお部屋にしたいなら、ピンクをメインカラーにすると、甘くてキュートなふんいきになるよ。同じピンクでも、濃淡を変えたり、柄を取り入れたりすることで、お部屋にメリハリが出ておしゃれ度UP♪

めだつ色はポイント使いに！

赤　　**黄**　　**ビビッドピンク**

派手な色をメインにすると、落ちつかないふんいきになってしまうので要注意。クッションやフォトフレームなどに、お部屋のアクセントとして使うとおしゃれだよ。

ガーリー系カラー

女の子の気分をまんきつできる！

メインの色

ベビーピンク

オフホワイト

ラベンダー
など

ナチュラル系カラー

いるだけで
リラックスできそう♪

メインの色

ベージュ

茶

オフホワイト
など

モノトーン系カラー

落ちついたふんいきが
大人っぽい

メインの色

黒

白

グレー
など

模様替えのプランをたてよう

お部屋のどこを変えるかを考えてみよう！

お部屋のテーマとメインの色を決めたら、お部屋のどこをどう変えるか、くわしいプランをたててみよう。ベッドカバーを変えたり、じゅうたんをはずしたりする予定があるなら、おうちの人に相談してみてね。

プランを立てるときのポイント

- ☐ とくに変えたい場所はどこ？
- ☐ 家具の配置はそのままでOK？
- ☐ 模様替えに必要なものは？

たとえばこんなお部屋なら…

ガーランドではなやかに！

WELCOME

壁

100均でそろうもので！
かわいくDIY

お部屋のかたづけや模様替えに使える、便利なアイテムを作っちゃおう！　材料はおうちにあるものや100均グッズだけでOKだよ♪

お手軽
収納ボックス

用意するもの

じょうぶな紙袋 or 牛乳パック、マスキングテープ

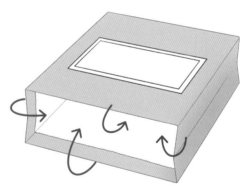

袋の口を
内側に折りこむ

紙袋 or 牛乳パックの口の四方を、それぞれ1cmくらいずつ、ていねいに内側へ折りこもう。口のギザギザした部分で手を切らないように、気をつけてね。

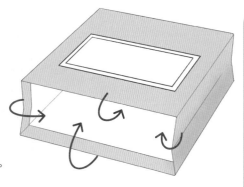

② もう1回 内側に折りこむ

折った部分を、もう1回内側へ折りこもう。ふちを二重にすることで、じょうぶに仕上がるよ。

さくらのひとこと!

かわいい紙袋って、もったいなくて捨てられなくてこまってたんだ。マステも集めてるから、今度のお休みに収納ボックスを作ってみよっと♪

③ フチにマステを 巻いてデコろう

ふちをぐるりとマステで巻けば、収納ボックスのできあがり。おしゃれな紙袋&マステを使うとかわいい☆

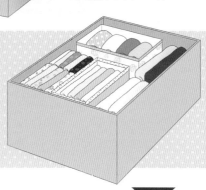

ソックスやハンカチの 仕分けにも便利!

収納したいものに合わせて、紙袋の大きさや高さを変えるとGOOD。小さめのボックスなら、ソックスやハンカチなどを、タンスの中で仕分けるときに便利だよ。

コーディネートハンガー

用意するもの

ハンガー、ジョイントが付いているプラスチックチェーン2本、ピンチ2個、結束バンド、はさみ

1 プラスチックチェーンの色のちがうチェーンだけをとりはずす

色のちがうチェーンは、取りはずしができるようになっているよ。これだけはずして、残ったチェーンとわけておこう。

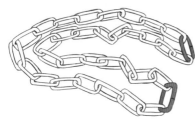

2 ハンガーの左右にチェーンをくくりつけよう

ハンガーの左右に、長いほうのチェーンを結束バンドで取りつけよう。

3 はずしておいたチェーンにピンチをとりつける

色のちがうチェーンに、ピンチの片方を取りつけよう。同じものを2つ作ってね。

4 チェーンの途中にピンチ付きのチェーンをはめよう

ハンガーの左右に取りつけたチェーンの途中に、ピンチをつけた色のちがうチェーンを1個ずつはめよう。

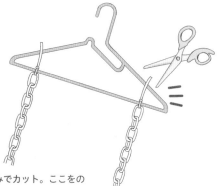

5 結束バンドのあまった部分をカット

結束バンドのあまった部分を、はさみでカット。ここをのこしてしまうと、服をいためてしまうことがあるよ。

6 全身コーデをつるせるハンガーのできあがり！

ピンチにボトムのウエストをはさみ、ハンガーにトップスをかければ、全身コーデができちゃうよ！

帽子用ハンガー

用意するもの

ワイヤー製のハンガー

1 ハンガーの左右を手前に曲げる

ハンガーの肩の上あたりを手で押さえながら、もう一方の手で、左右のはじに近い部分を手前に曲げよう。

横から
見たところ

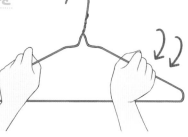

2 こんな形になればOK

イラストのように、左右が同じくらい曲がった形になっていればOKだよ。

3 下側のまん中を折り曲げる

ハンガーの下側の左右を持って、下側のまん中がVの字になるように折り曲げよう。両手でしっかりとハンガーをつかんで、均等に力を入れるのがコツだよ。

こんな形になればOK

ハンガーの3ヵ所が、イラストのような
形に曲がっていればOKだよ。

でっぱったほうに
帽子をかければ……

ハンガーのでっぱった部分に、帽子をかけられる
よ。持っている帽子の数と同じだけ、帽子用ハン
ガーを作っておくと便利♪

連結も
できるよ！

お部屋をデコる グッズたち

家具や壁紙を買いかえなくても、インテリア用のグッズで手軽に模様替えできちゃう！　中でもおすすめのグッズを集めてみたよ☆

100均で手に入るグッズもいろいろあるよ

お部屋の壁や床などをデコるグッズは、100均やインテリアショップ、ホームセンターなどで手に入るよ。ほとんどのグッズは、カンタンに取りはずしやはりかえができるから、失敗をこわがらずに模様替えにチャレンジできるのも魅力。どこをどんなグッズでデコるかを、考えるだけでも楽しいね♪

おうちの人と いっしょに デコってみよう★

じぶんだけでデコるのが不安なら、おうちの人といっしょに模様替えにチャレンジ！　おしゃべりしながらデコれば、ちょっと大変な作業でも楽しくできちゃう☆

壁が一気にはなやぐ！

ウォールステッカー

壁にはって、かんたんにはがせるステッカー。草花、動物、ツリーなど、デザインもいろいろそろっているよ。はるだけのシールタイプと、こすりつけてはる転写タイプがあるから、使いかたをきちんとたしかめてえらんでね。

はがせるから安心

リメイクシート

壁や家具にはって、いつでもはがせるシート。くっつく力が弱めのものと強めのものがあるから、目的に合わせてえらぼう。壁紙の上からはって、お部屋のふんいきをガラリと変えることもできるよ。高いところにはるときはちょっと大変だから、おうちの人に手伝ってもらってね。

モビール

天井や窓辺につり下げる、おしゃれなインテリアグッズ。風がふくたびにゆらゆらとゆれるモビールは、見ているだけでいやされることまちがいなし。素材は紙、フェルトなどいろいろあるから、お部屋のイメージに合うものをえらぼう。

ガーランド

ほそいひもにいろんなモチーフがついたガーランドは、壁にかざるのが定番。天井にぶら下げたり、窓につるしたりと、アイデアしだいでいろんなかざりかたができるよ。麻ひもやチェーンに、好きな形に切った布やフェルトを取りつけて、手作りしてもかわいい☆

照明にもこだわって♪

ミニライト

机やベッドまわり、サイドボードなどに置けるミニライトは、100均でもいろいろなデザインのものがそろっているよ。ねむるときにうす明かりがほしいときにも、ベッドやおふとんの近くにミニライトがあれば安心。おしゃれなものを、いくつかならべてもすてきだよ。

ナチュラルなお部屋作りに

フローリングシート

床にはって、手軽に模様替えできる。ナチュラルなイメージのお部屋にしたいときや、床のよごれや痛みが気になるときに、便利なグッズだよ。シートをはる作業はちょっと大変だから、おうちの人といっしょに。先に床をおそうじしておいてね。

お部屋のおなやみ別
模様替えアイデア

「模様替えしたいけど、わたしのお部屋じゃムリかも」と思っている子は必見！　おなやみを解決するアイデアを紹介するよ♪

おなやみ 1

妹と同じ部屋。
持ちものもごちゃごちゃになっちゃう

解決

お部屋の持ちものも
左右でスペース分けを

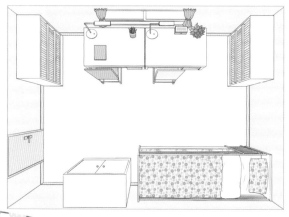

お部屋を左右で区分け

家族と同じ部屋を使っているなら、お部屋を左右に区切るのがおすすめ。机を向かい合わせ or となり合わせに置いて、それぞれが使っている家具は、左右の壁ぎわに置くといいよ。

クローゼットの中も左右でスペースを分けよう

共用のクローゼットは、右半分をじぶん用、左半分を妹用にするなど、左右でスペースを区切ろう。おたがいの持ちものがひとめでわかるよ。

こっちが妹

こっちがわたし

色ちがいの収納グッズでわかりやすく！

服やバッグなどをしまう収納グッズは、じぶんと家族のものを、同じデザインで色ちがいにすると◎。見わけやすいし、ならべたときにおしゃれに見えるよ。

妹はピンク

わたしはブルー

171

お部屋が和室でかわいく見えない!

解決

床にフローリングシートを しいて洋室風に!

はってはがせるフローリングシートは、模様替えの強い味方。和室を洋室風に見せたいときにも使えるよ。たたみは

すき間にホコリがたまりやすいから、はりかえ作業のまえに、ほうきや掃除機でしっかりとおそうじしておこう。

BEFORE

たたみにフローリングシートをはると……

かならずおうちの人に相談しよう

おうちの人に相談するときは、どうして洋室にしたいのか、どんな方法で模様替えしたいのかを、できるだけくわしくつたえてね。

防湿防虫シートをしくのを忘れずに！

たたみはカビや虫がつきやすいから、フローリングシートの下に防湿防虫シートをしいておこう。シートには有効期限があるから注意してね。

まるで洋室みたいなふんいきに！

お部屋がせまくて落ちつかないの……

解決

家具の置きかたや色でくふうしよう

目線より上にある物をへらす

背の高い家具をいくつも置いていたり、家具の上にものを積んでいたりすると、お部屋がきゅうくつに見えちゃうよ。じぶんの目線より上には、なるべくものを置かないのがベター。

NG

OK

さくらのひとこと！

家具やカーテンを白でそろえると、お部屋が広く見えるって聞いたんだ。ちょうどカーテンを買いかえるから、次は白にしようかな♪

お部屋の角を見せる

お部屋の角を家具でふさぐと、お部屋が実際よりもせまく見えちゃうよ。ベッド以外は、なるべく家具を角からはなして置こう。

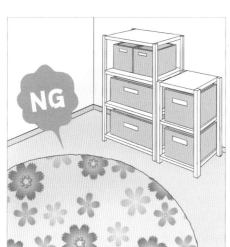

床にラグをしかない

せまいお部屋の床にラグをしくと、よけいにせまく見えちゃうよ。床には家具以外を置かず、できるだけ床を見せよう。ぬいだ服や読んだ本を、床にちらかしっぱなしにするのも NG ！

収納スペースが少なくて不便……

解決

かくれた空きスペースを生かそう！

かくれスペースは
こんなところに！

クローゼットのとびら
➡ 裏側にフックをつける

ベッドの下
➡ 収納ケースをイン

机のサイド
➡ サイドにバッグかけを作る

家具をふやすことを考えてばかりじゃダメ！

収納スペースがたりないと感じたら、お部屋をじっくりとチェックしてみて。意外な場所に、収納スペースがのこっているかもしれないよ。

机のサイドにバッグかけを作る

机のサイドにタオルバーを取りつけられるスペースがあれば、バッグの収納スペースとして活用しよう（くわしい方法は95ページ）。

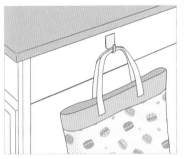

ベッドの下に収納ケースをイン

ベッドの下が空いていれば、収納ケースを置いて、オフシーズンの服やバッグをしまっても◎。キャスター付きのケースは、必要なときに取り出しやすいからおすすめだよ。

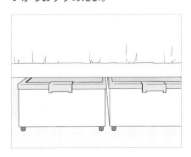

クローゼットのとびらの裏側にフックをつける

クローゼットのとびらの裏側に、フックをいくつか取りつけるだけで、帽子やバッグの収納スペースに早がわり！

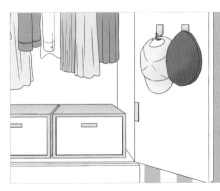

壁紙の色があまり好きじゃない

上向きライトで
イメチェン！

BEFORE

見なれた壁紙でも……

100均アイテムでイメージをガラリとチェンジ!

ルームライト以外にも、ウォールステッカーやリメイクシートを使って、気軽に壁紙をイメチェンする方法があるよ。白とグレー×白のドット柄など、2種類のリメイクシートを組み合わせてもおしゃれ☆ ためしてみてね!

無地の壁ならウォールステッカーで

柄のある壁ならリメイクシートで

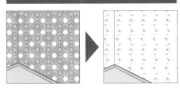

AFTER

ライトで一気におしゃれ感が出るよ!

おもてなしのルール **4**

友だちが帰ったあとのパパッとおそうじ

使い終わったグラスやカップは じぶんでおかたづけ

グラスやカップのおかたづけを、おうちの人にまかせていない？ 飲みものやおやつを用意してもらったお礼に、おかたづけはじぶんでするのが、ステキ女子のルール。お手伝いを習慣にすれば、おうちの人もよろこんでくれるよ♪

一緒に遊んだゲームや 読んだ本はもとの場所へ

ゲームで遊んだり、本を読んだりしたあとは、すぐにもとの場所へしまおう。いちど出しっぱなしにしてしまうと、かたづけがめんどうになって、お部屋がちらかる原因になっちゃうよ！

友だちにメールや LINE で お礼を送っても◎

「友だちがおうちについたかな」くらいのタイミングで、遊びに来てくれたお礼を、メールや LINE で送るのもおすすめだよ。楽しかったことを伝えれば、友だちが笑顔になって、また遊びに来たいと思ってくれるかも☆

おやつを食べたときは 床を軽くそうじしよう

気づかないうちに、おやつのかけらがこぼれていることもあるから、早めに床をそうじしてね。このひと手間で、お部屋をきれいにキープできるよ。

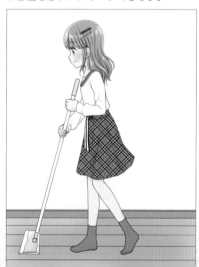

お部屋以外もキレイにしちゃおう！

パパ＆ママが教えるおそうじワザ

意外なアイテムを使って、家のあちこちをピカピカにするワザを教えてもらったよ☆

おうち以外でもかたづけ習慣！

学校やおでかけ先などでも、きちんとかたづけをしてマナー美人をめざしてね！

かたづけ&おそうじ上手になると
毎日が変わる☆

えー
そうかなぁ?

最近さくらちゃん
おしゃれに
なったよね♪

髪型もいつも
きまってるし
お洋服もきちんとしてる

たしかに…

おかたづけやおそうじが
できるようになって
自信がついたかも…!

なー春内

春内っていつも机とか
きれいにしてるよな

え!!

カイトくん!

そ、そんなこと
ないよ〜!

ど、どうしたの!?

キャ〜〜!
見ててくれたんだ!!

182

かんたん♪ パパ＆ママに教えてもらったよ！
おそうじワザ

意外なアイテムで、家のあちこちをピカピカにできるおそうじワザがいっぱい！ じぶんのお部屋にも使えるから、ためしてみてね♪

光っている場所はアルコールでふくとピカピカに！

かわいたタオルに、アルコールスプレーを数回吹きかけよう。タオルはきれいなものを使ってね。

鏡や蛇口など、光っている場所をふくと見ちがえるようにきれいになるよ。除菌もできるからうれしい☆

トイレや洗面台の
水栓もおそうじ
しちゃおう！

ホコリやよごれでくもった水栓も、アルコールを使えばピカピカに。アルコールにふれた手は、あれやすいからきちんとケアしてね。

じぶんのお部屋も！

ドレッサーの鏡や姿見もピカピカになるよ♪

いつの間にか、手のあぶらやホコリでよごれてしまった鏡も、アルコールスプレーでおそうじしよう。ピカピカの鏡で女子力もアップするかも☆

ケースの底にキッチンペーパーをしけばおそうじいらず！

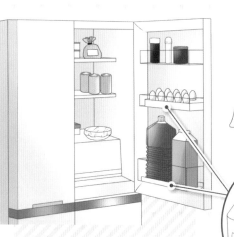

冷蔵庫のとびらにあるケースは、ホコリでよごれやすい場所。キッチンペーパーをしいておけば、交換するだけでおそうじいらず！

じぶんのお部屋も！

色えんぴつのケースに使える！

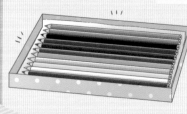

しんのよごれがつきやすい色えんぴつのケースにも、キッチンペーパーがお役立ち。底とサイドをくるむように、ペーパーをしけばOKだよ♪

食器用洗剤で窓ガラスの カビをふせげる！

キッチン用のクロスに、食器用の洗剤を少したらそう。かわいたきれいなクロスを使ってね。

梅雨のシーズンは とくに使える ワザだよ♪

窓ガラスに洗剤をうすくぬり広げるだけで、カビができるのをふせげるよ。ぜひためしてみて！

じぶんのお部屋も！

窓をきれいにして 気分もリフレッシュ

じぶんのお部屋の窓も、食器用洗剤をぬり広げてカビを防止。じめじめした梅雨はもちろん、冬も窓に水滴がつきやすい季節だから、このワザで窓をきれいにキープしてね。

床のつぎ目は わりばしでおそうじ♪

ぎゅっ！

1

キッチンペーパーを1枚ちぎって、水にひたそう。まんべんなくぬらしたら、両手でギュッとしぼってね。

2

わりばしの下側と先端をつつむように、キッチンペーパーをまきつけよう。

3

細くかたくまきつけたら、キッチンペーパーが取れないように、輪ゴムで固定。輪ゴムを2本使ってもOK。

つぎ目のよごれを かき出そう

フローリングのつぎ目につまったよごれを、先端でかき出すようにおそうじ。キッチンペーパーがよごれてきたら、新しいペーパーに取りかえてね。つぎ目は髪の毛やホコリが意外につまりやすい場所。しっかりおそうじすれば、ふきそうじだけをするよりピカピカになるよ！

じぶんのお部屋も！

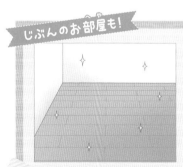

フローリングのおそうじに◎

じぶんのお部屋がフローリングなら、同じ方法でおそうじしちゃおう。先にフローリングワイパーでホコリを取っておけば、ソックスもよごれにくいよ。

壁と床のさかい目は
歯ブラシできれいに

1 使い古した歯ブラシも、立派なおそうじ道具になるよ！　おそうじするまえに、軽くぬらしておいてね。

2 ブラシ部分に、石けんをこすりつけよう。おそうじ用の石けんがなければ、キッチン用のものでも○。

3 壁と床のさかい目は、ホコリやよごれがたまりやすいけど、見落としやすいスポット。歯ブラシを左右に動かすようにしてこすろう。

4 よごれたところをおそうじしたら、ぬれたぞうきんで石けんをふき取ろう。ふき残しがないようにね。

5

つまっていたホコリやよごれが取れて、さかい目がピカピカに！ じぶんのお部屋でもやってみてね☆

さくらのひとこと！

使い古した歯ブラシは、こまかいところのおそうじに使えるんだって♪ そういえば、キッチンの排水口がよごれていたかも……。今度おそうじして、ママをおどろかせちゃおうかな？

おふろのあとはタオルで とびらの水気をふこう

おふろから上がったあと、バスタオルで体をふき終わったら、ついでにバスルームのとびらの水気もふきとろう。とびらにカビがつくのをふせげるよ。

ついでにとびらも
ふいちゃおう！

ふき終えたら、バスタオルを洗たくかごへ。バスタイムのきれい習慣、ぜひ続けてみてね！

ハンディモップで家具や家電のホコリをとろう

棚の上

DVDプレーヤー

テレビ

家具の上や電化製品には、ホコリがたまりやすいよね。ハンディモップを使って、気づいたときにホコリを取ろう。

黒いものはとくにホコリが目立つよ！

じぶんのお部屋も！

気づいたらホコリをおそうじ！

手のとどく場所にハンディモップを置いて、家具の上や壁のホコリが気になったら、サッとおそうじしよう。ハンディモップは、机やラックのサイドなどにフックを取りつけて、つるす収納にするのがおすすめだよ☆

ラップをしくだけ！超かんたんホコリそうじ

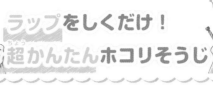

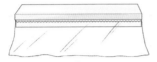

換気扇

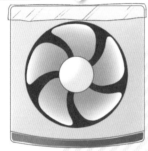

冷蔵庫

換気扇や冷蔵庫の上は、ホコリがたまりやすいけど、おそうじしにくい場所。ラップをしいておけば、交換するだけだからラクチン！

じぶんのお部屋も！

背の高い家具にラップをしいておこう

じぶんのお部屋に背の高い家具があるなら、家具の上にラップをしいておくと GOOD。おそうじしにくい奥側のホコリも、ラップを交換するだけでカンタンに取れるよ♪

ライトのおそうじは ハッカ油入りスプレーで！

市販のそうじ用アルコール除菌スプレーに、ハッカ油を少しまぜて。ハッカ油には香り付けだけじゃなく、虫よけの効果もあるよ！

ハッカ油

アルコール除菌スプレー

ライトの電源はOFF

ハッカ油を少しまぜる

ライトの虫よけ効果もあるよ！

ハッカ油入りスプレーを、かわいたぞうきんやクロスにふきかけて、ライトをおそうじ。ライトに小さい虫が入りこむのをふせげるよ。台に乗って作業するときは、おうちの人に見ていてもらうなどして注意してね。

ホコリがたまりがちな場所には特製スプレーがきく！

水に柔軟剤をまぜて、スプレー容器に入れれば特製スプレーが完成。柔軟剤のいい香りで、気分良くおそうじできるよ♪

水300mlに柔軟剤5mlが目安
・古くなるまえに使いきろう。
・肌には使わないでね。

レンのひとこと！

水と柔軟剤を洗面器で混ぜたら、スプレー容器につめかえてね。100均でちょうどいいサイズのスプレー容器を買っておくと便利だよ。

棚

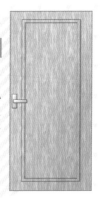

ドアノブ

家具や電化製品にひとふきすれば、ホコリ防止になるよ。静電気をふせぐ効果もあるから、ドアノブにも使えちゃう！

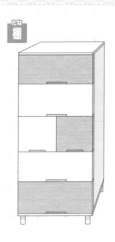

おそうじする日を決めておいても◎

おそうじをまめにするのはいいことだけど、「やらなきゃ」という気持ちが強すぎると疲れちゃうよね。おそうじする日を決めておいて、じぶんのペースで続けるのも手だよ。

10月 1 月曜日 1ヵ月のはじまりに

すぐにはよごれにくい場所のおそうじは、毎月1回、決まった日にするのもおすすめ。月がはじまる1日におそうじすれば、すがすがしい気分で1ヵ月をスタートできそう☆

こんな場所をおそうじ

・玄関

・ろうか

・リビングやキッチンの窓

10月 7 日曜日 1週間の終わりに

お部屋の床、トイレなど、よく使う場所はよごれやすいから、1週間に1回はおそうじするといいよ。土ようびか日ようびの、どちらか予定がない日をおそうじデーにしても◎。

こんな場所をおそうじ

・じぶんのお部屋

・トイレ

・洗面所

学校や外出先でも

かたづけ習慣！

じぶんのお部屋だけじゃなく、家の外でもきちんとかたづけができればカンペキ。かたづけをきわめて、マナー美人をめざそう！

学校でのかたづけ習慣

かばんの中は いつもきれいに

学校用のバッグの中を、きちんと整理してる？　意外に見られがちなところだから、クリアホルダーやポーチなどを使って、上手に整理してね。

机の中やお道具箱も ピカピカをキープ！

学校の机まわりも、じぶんのお部屋と同じように、きれいをキープ。よごれやホコリがたまるまえに、ウェットティッシュでおそうじしよう。

おでかけ先でのかたづけ習慣

お店で手にとった商品はきれいにもどそう

雑貨や洋服などのお店では、商品をていねいにあつかってね。手に取った洋服をもどすときは、きれいにたたんでもとの場所へもどすと GOOD。

外で食事したら食器は下げやすいところに置こう

お店で食事をいただいたあとは、店員さんが食器を下げやすいように、テーブルの通路側へ食器をよせておこう。飲み残したドリンクは、こぼさないように、はじをさけて置こうね。

食器の返却口がある
お店では注意書きをチェック!

フードコートやイートインスペースを利用したときは、お店のルールを守って食器を下げよう。テーブルに置きっぱなしにするのは絶対NG!

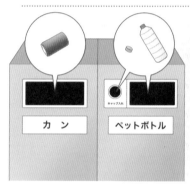

外でもゴミの
分別はしっかりと

おでかけ先で出たゴミも、きちんと分別して捨てよう。ペットボトルは、容器とキャップで捨てる場所が分けられていることが多いから注意してね。

図書館で読んだ本は
元の場所にもどそう

図書館で本を読んだときは、もともとあった位置にもどしてね。ちがう位置に置いてしまうと、つぎに読む人が、本を探しにくくなっちゃうよ。

友だちや親せきのおうちでのかたづけ習慣

くつをそろえてから
おうちに上がろう

友だちや親せきのおうちにお邪魔するときは、ぬいだくつを玄関にそろえて置くのがマナー。帰りにはきやすいよう、かかと側を手前にして置いてね。

おふろに入るときは次の人のことを考えて

シャンプーやコンディショナー、ボディソープはきれいに使って、元の位置へもどそう。バスタブにふたがある場合は、おふろがさめないように、しっかりとふたを閉めて。

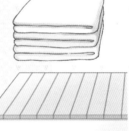

おとまりしたら
ふとんや毛布をおかたづけ！

よそのおうちでおとまりしたら、借りたおふとんやシーツなどをたたんでおくのがマナー。重いものが下に来るように重ねると、はこびやすいよ。

監修者／イラストレーター紹介

PART1〜2、PART4〜5監修

P.N: おさよさん

家事アドバイザー。整理収納アドバイザー、整理収納教育士、掃除能力検定士、片付け遊び指導士認定講師。兄妹2児の母。多数の雑誌やテレビに出演。子育て中の親や子ども向けのお片付けセミナー講師としても活動している。おもな著書に『おさよさんの無理なくつづく家事ぐせ』（主婦の友社）、『収納のおさよさんが教えるキレイが続く片づけ』（セブン＆アイ出版）など。

> Instagram アカウント
> @osayosan34

PART3監修

小西紗代

整理収納アドバイザー、風水鑑定士、住宅収納スペシャリストなど、多数の資格を持つ開運収納師。整理収納サロン「神戸のちいさな収納教室」を主宰。おもな著書に『さよさんの開運・整理収納術』（宝島社）、『さよさんの「物の減らし方」事典 リバウンドしない整理収納術』（講談社）など。

> Fino
> http://fino-life.com/
>
> ちいさいおうち
> https://sayo34sayo.blog.fc2.com/

表紙イラスト／P2-5イラスト担当

和錆

イラストレーター、まんが家。児童書、テーブルカードゲーム、ソーシャルゲーム、ライトノベルなど、多彩なジャンルで活躍中。

> Twitter アカウント
> @wasabilabel
>
> W.label
> https://w-wasabi.wixsite.com/wlabel
>
> Pixiv
> https://www.pixiv.net/users/502358

P10-23、PART3、巻末ふろくイラスト担当
七海喜つゆり

イラストレーター。おもな作品に雑誌『ひめぐみ』（講談社）、『おえかきレッスンノート』（小学館）など。

Twitter アカウント
@namikitsuyuri

イラストレーター
七海喜つゆりのホームページ
https://namikitsuyuri.com/

PART1、PART4、コラムイラスト担当
かわぐちけい

イラストレーター、まんが家。おもな作品に『恋♥友★運命ぜ〜んぶわかる！うらないスペシャル☆』（ナツメ社）など。

Twitter アカウント
@keikawaguti

PART2 イラスト担当
小山奈々美

イラストレーター。おもな作品に『おえかきプリンセス おとぎのくにのきらめきドレス』（学研プラス）など。

Twitter アカウント
@koyama_nanami

小山奈々美の blog
http://manmaru-kids.jugem.jp/

PART5 イラスト担当
沖野れん

イラストレーター、まんが家。『ディズニープリンセスおりがみ ドレス＆アクセサリー』（学研プラス）など。

Twitter アカウント
@b_okino

OKINO REN Portforio Site
https://okinoren.wixsite.com/okinoren

Pixiv
https://www.pixiv.net/users/9564369

まんが担当 紺ほしろ

イラストレーター、まんが家。『C・SCHOOL』（朝日新聞出版）、『めちゃカワ MAX!!』シリーズ（新星出版社）など、おもに女の子向け書籍などで活動中。

Twitter アカウント
@hoshiro

hoshiroom
https://konhoshiro.wixsite.com/hoshiroom

Pixiv
https://www.pixiv.net/users/25808993

監修	おさよさん／小西紗代
カバー、本文 P2-5 イラスト	和錆
本文イラスト	七海喜つゆり／かわぐちけい／小山奈々美／沖野れん
本文マンガ	紺ほしろ
デザイン・編集協力	有限会社スタジオエクレア

内容に関するお問い合わせは
小社ウェブサイトお問い合わせフォームまでお願いいたします。
ウェブサイト　https://www.nihonbungeisha.co.jp/

No.1きれい　運がよくなる
整理整とん&おそうじ Lesson

2021年2月20日　第1刷発行

監修者　おさよさん／小西紗代
発行者　吉田芳史
印刷所　図書印刷株式会社
製本所　図書印刷株式会社
発行所　株式会社 日本文芸社
〒135-0001　東京都江東区毛利 2-10-18 OCMビル
TEL 03-5638-1660（代表）

Printed in Japan 112210208-112210208 Ⓝ01（290044）
ISBN978-4-537-21855-8
URL https://www.nihonbungeisha.co.jp/
©Nihonbungeisha　2021

（編集担当 前川）

スペシャルふろく

「おしゃカワ収納タグ」「整理整とん計画
メモ」「なりたいわたしのお部屋がつづく
カード」の超豪華ふろくを収録！　この
ふろくを活用して、かたづけ＆そうじの習
慣を楽しく身につけよう♪

＼コピーして使おう！／
おしゃカワ収納タグ の使いかた

1 使いたいタグがあるページを切り取って、カラーコピーしよう。

2 ハサミを使って、点線にそってタグを切り抜こう。

3 タグは収納グッズや引き出しなどにつけられるよ。中央のスペースにしまうものを書いてね。

4 丸い部分に穴を開けてひもを通してつるすか、クリップを使って止めてね。

キリトリ線 ✂

2

キリトリ線 ✂

キリトリ線 ✂

キリトリ線 ✂

手紙 & はがき

バッグ

こんなふうに 使ってみてね！

夏もの の服

おでかけ用 ワンピ

自由にかいてみよう！
整理整とん計画メモ

計画メモ みほん①

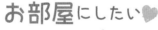

ナチュラルスタイルの
お部屋にしたい♥

こんなカンジも
アリ！

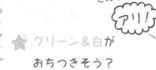

⭐ グリーン＆白が
おちつきそう？

⭐ クッションカバーを
変えたら
イメージに近づくかも♪

キリトリ線 ✂

今のお部屋を理想のお部屋に近づけるためには、イメージやプランをかき出してみるのがおすすめ。ここで紹介するみほんを参考に、じぶんだけの計画メモを作ってみてね♪

理想のお部屋を手に入れるためにすること

ちらかったお部屋をかたづける！

➡ 机のまわり
➡ クローゼット
➡ 本棚

とくにがんばる！

ほしいもの

☐ ブックスタンド
☐ ハンガー
☐ アクセをしまう　仕切り付きのケース

100均グッズを見にいく

ママに相談

クッションのカバーを変えたい
クローゼットの場所をずらしたい

キリトリ線

これからの目標

"アートなお部屋をめざす!

ディスプレイも
おしゃれに
したい

あこがれ
My
No.1

絵をかいたり
本を読んだりして
ゆっくりすごせそう♪

キリトリ線

お部屋の模様替えプラン

プラン1 いらないものを処分

☐ たまったマンガを**リサイクル** `いとこにあげる？`

☐ **着ていない服**はどうする？

☐ クローゼットの中の**ダンボール**を**整理**する

×××

プラン2 ほしいものリスト

`Love`

アートな
絵や写真

`パパがとった風景の写真を
引きのばしたらステキかも`

ウォール
ステッカー

`シンプルなデザインの
ステッカーがほしい★`

ベッドカバー

`今のは古くなったから
パパとママに買いかえて
いいかたのんでみよう！`

赤×ネイビーで
そろえたい

まずは1週間やってみよう！
なりたいわたしの お部屋がつづくカード

「できたらぬる」だけでお部屋がきれいに！

毎日のかたづけ＆そうじを、ゲームみたいに楽しんでつづけられるのが「なりたいわたしのお部屋がつづくカード」。最初は1週間つづけてみて、自信がついてきたら、1ヵ月、2ヵ月……とのばしてみて。いつの間にか、お部屋がピカピカになっているよ♪

月ごとにじぶんを採点！

1ヵ月が終わるごとに、どれくらいそうじ＆かたづけができたかを、じぶんで採点してみよう。1年つづければ、「なりたいわたし」になれているはず☆

最初は1週間つづけてみよう

「1週間つづくカード」は、お題が書かれたカードが7枚ならんでいるよ。その日のお題が達成できたら、フルーツをぬってね。

つぎは1ヵ月間つづけてみよう

「1ヵ月つづくカード」は、寝るまでにお部屋のそうじ or かたづけができた日に、☆のマークをぬればOK。6日＆7日ごとに特別なお題があるよ！

> カードと採点表のページをコピーして使ってね！

キリトリ線

チャレンジ 1

なりたいわたしのお部屋が 1週間つづくカード

START

DAY 1
机まわりを
かたづける

DAY 2
ベッド or
ふとんまわりを
整とんする

お題を達成できたら
フルーツをぬってね

DAY 3
よごれた文具や
おけいこ道具を
きれいにする

DAY 4
ゴミ箱にゴミが
たまっていないかを
チェックする

DAY 5
学校用バッグの
中を整理する

DAY 6
お部屋全体を
そうじ＆かたづけ

DAY 7
おうちのそうじや
かたづけを手伝う

GOAL!
1週間
おつかれさま♪

キリトリ線

このページをコピーして使ってね！

15

チャレンジ **2** なりたいわたしのお部屋（へや）が **1ヵ月（げつ）つづくカード**

START

DAY 1 ☆
DAY 2 ☆
DAY 3 ☆
DAY 4 ☆
DAY 5 ☆

DAY 27
お部屋全体（へやぜんたい）を
そうじ&かたづけ

DAY 28
おうちの洗面所（せんめんじょ）を
そうじ

DAY 29 ☆

DAY 26 ☆
DAY 25 ☆
DAY 24 ☆
DAY 23 ☆
DAY 22

DAY 21
おうちのトイレをそうじ

DAY 20
お部屋全体（へやぜんたい）を
そうじ&かたづけ

キリトリ線

このページをコピーして使（つか）ってね！

寝るまでにそうじ or かたづけをした日は ☆ をぬってね。
🌙 の日はお題をクリアしたらぬろう!

DAY 6 🌙
お部屋全体を
そうじ&かたづけ

DAY 7 🌙
おうちの玄関を
そうじ

DAY 8 ☆

DAY 9 ☆

DAY 10 ☆

DAY 11 ☆

DAY 12 ☆

DAY 13 🌙
お部屋全体を
そうじ&かたづけ

DAY 14 🌙
おうちの
リビングをそうじ

DAY 15 ☆

DAY 16 ☆

DAY 17 ☆

DAY 18 ☆

DAY 19 ☆

DAY 30 ☆

DAY 31 ☆

GOAL!
1ヵ月
おつかれさま♪

キリトリ線 ✂

チャレンジ **3**

なりたいわたしのお部屋
月別採点表

1月

採点 ／ **100点**

来月の目標

2月

採点 ／ **100点**

来月の目標

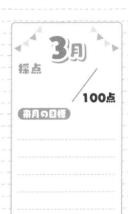

3月

採点 ／ **100点**

来月の目標

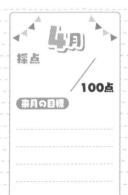

4月

採点 ／ **100点**

来月の目標

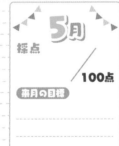

5月

採点 ／ **100点**

来月の目標

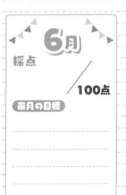

6月

採点 ／ **100点**

来月の目標

キリトリ線 ✂

このページをコピーして使ってね！

『No.1きれい　運がよくなる整理整とん＆おそうじ Lesson』

日本文芸社